KB106419

수업은 예술이 되어도 되는가

수업은 예술이 되어도 되는가

발행일 2022년 9월 30일

지은이 김장수
펴낸이 손형국
펴낸곳 (주)북랩
편집인 선일영
편집 정두철, 배진용, 김현아, 장하영, 류휘석
디자인 이현수, 김민하, 김영주, 안유경
제작 박기성, 황동현, 구성우, 권태련
마케팅 김회란, 박진관
출판등록 2004. 12. 1(제2012-000051호)
주소 서울특별시 금천구 가산디지털 1로 168, 우림라이온스밸리 B동 B113~114호, C동 B101호
홈페이지 www.book.co.kr
전화번호 (02)2026-5777
팩스 (02)2026-5747

ISBN 979-11-6836-521-6 03370 (종이책)
979-11-6836-522-3 05370 (전자책)

예술을 품은 수업

수업은 예술이 되어도 되는가

김장수 지음

아서 단토의 예술 철학 시각에서 접근한
오늘날 꼭 필요한 수업의 방향!

북랩

프롤로그

난 복잡한 일상생활에 질서를 부여하거나 수업을 위한 효율적인 방법을 찾아 정리하는 것을 좋아한다. 이러한 질서와 방법이 규칙이나 법칙처럼 늘 보편성을 얻은 것은 아니지만, 그래도 그것을 다른 사람들과 나누는 것을 좋아한다. 물론 내가 찾아낸 방법들이 사실은 다른 사람이 먼저 통찰한 부분인데 나의 독서력이 그것에 못 미쳐서 마치 내가 생각해낸 것처럼 여기는 잘못을 범할 때도 있고, 효율적인 방법이라고 생각한 것이 인식의 부족으로 인해 타당성과 보편성이 결여된 경우도 적지 않다. 그 부족한 인식을 다른 사람이 일깨워줄 때도 있지만, 나중에 스스로 발견하고 부끄러워할 때도 많다. 그렇더라도 나는 이런 일을 좋아하고 내가 부여한 질서와 발견한 방법들을 다른 사람들과 공유하는 것에도 보람을 느낀다.

이 책은 수업을 아서 단토(Arthur C. Danto)의 예술 철학 시각에서 접근하며 쓴 것이다. 수업이라는 거대 담론을 예술이라는 또 다른 거대 담론으로 풀어내고자 하는 무모함에 대하여 걱정하는 사람들이 있을 것이다. 나는 프롤로그에서 일단 이런 유형의 독자들을 안심시키기 위한 시도부터 하고자 한다.

지금 교육계에서는 수업이 전기 회로처럼 시스템을 이루어 안정적으로 돌아가고 있다고 생각한다. 나는 지금의 수업이라는 전기 회로가 단선적인 직렬회로라고는 생각하지 않는다. 왜냐하면 거기에는 과학, 철학 등의 서로 다른 학문 분야의 시각이 융합되어 돌아가고 있기 때문이다. 그러므로 내가 수업을 예술의 시각에서 바라보는 수업예술이라는 병렬회로를 첨가한다고 해서 수업이라는 기존의 시스템이 멈추지는 않을 것이다. 오히려 수업을 바라보는 다양성의 추가로 인해 더 풍요롭게 될 것으로 생각한다. 내 말의 핵심은 나의 수업예술이라는 생각이 혹시 잘못되었거나 불량한 것이라고 하더라도 교육계의 수업이라는 회로를 끊어서 시스템을 망가뜨리는 일은 없으리라는 것이다.

나는 과감히 말하는데 오늘날 수업에 대해 언급되는 많은 문제점은 수업을 너무 평가적으로 본다는 것에 있다고 본다. 우리는 수업을 참관하게 되면 거의 반사적으로 평가를 한다. 아예 참관 체크리스트를 들고 수업에 참관하러 들어가는 것을 이상하게 여기지도 않는 분위기이다. 그래서 공개 수업은 교사에게 즐거운 것이 아니라 부담스러운 것이나 고통스러운 것이 된다.

이로 인한 문제점을 극복하기 위해서는 수업에 평가적 가치보다는 그 수업 그대로의 존재적 가치를 부여할 수 있는 문화가 형성되어야 한다. 수업이라는 것은 나름의 의미가 구현되어 있을 때, 그것 자체로 고귀한 것이고, 어떤 유형의 수업이 다른 어떤 유형의 수업보다 우수

하다는 것은 있을 수 없다는 수업의 다원주의가 존중되어야 한다. 나는 이러한 것의 가능성을 단토의 예술 철학에서 발견하였다. 단토의 예술 철학을 비판하는 사람들은 단토가 존재적 가치에 너무 몰두한 나머지 예술의 평가적 가치를 다루지 못한 한계가 있다고 말한다. 그러나 단토의 예술 철학 이론을 수업에 접목했을 때는 이것이 단점이 아니라 교육의 여러 문제점을 극복해 줄 장점이 된다는 것이 내 생각이다.

수업의 질을 높이는 것은 수업을 평가하여 객관적인 기준에 맞추는 데 있는 것이 아니라 수업의 존재적 가치를 인정하는 데 있다고 본다. 자신이 한 수업의 존재적 가치가 인정되는 분위기에서 교사는 스스로 기꺼이 자신의 수업 가치를 높이기 위해 노력할 것이기 때문이다.

난 예술을 전공하지 않았으며, 예술 철학도 전공하지 않았다. 그래서 단토의 예술 철학을 이해하기가 쉽지 않았다. 또한 제대로 이해한 것인지에 대해 나 스스로 의문이 들기도 한다. 그러나 나의 목적은 단토의 예술 철학을 연구하는 것이 아니라 수업에 대한 새로운 지평을 열고자 하는 것이다. 혹시나 단토의 예술 철학에 대한 이해가 부족했더라도 독자의 너그러운 이해를 바란다. 그리고 일면식도 없지만 단토의 철학을 접할 수 있게 『일상적인 것의 변용』을 번역해 주신 김혜련 선생님, 『예술의 종말 이후』를 번역해 주신 이성훈·김광우 선생님, 『무엇이 예술인가』를 번역해 주신 김한영 선생님, 노엘 캐럴의 『예술철학』을 번역해 주신 이윤일 선생님께 감사를 드린다. 이 책들은 내 생각을 정리하는 데 큰 도움이 되었다.

이 책은 크게 여섯 부분으로 되어 있다. '1. 왜 수업예술이어야 하는가? 2. 수업예술이란 무엇인가? 3. 교사는 어떻게 수업예술을 창작하는가? 4. 수업예술을 어떻게 감상할 것인가? 5. 수업은 예술이 되어도 되는가? 6. 수업예술 관점에서 교육 이슈 재조명'으로 구성되어 있다.

'1. 왜 수업예술이어야 하는가?'에서는 수업예술의 필요성을 직설적으로 이야기하지 않고 오늘날 '공개 수업'의 민낯을 파헤치며 변화의 필요성을 피부로 느끼게 하고자 하였다. 그리고 우리가 이상적인 것으로 상상한 것들을 실제로 이루어낼 수 있을지에 대해서 독자들에게 질문을 던진다. 나는 독자들이 어쩌면 그것이 가능할지도 모르겠다는 생각을 갖고, 다음 장을 읽어 주기를 기대한다.

'2. 수업예술이란 무엇인가?'에서는 수업이 예술이 될 수 있음을 밝히는 데 집중한다. 기존에도 수업이 예술이라는 주장이 많았지만, 대부분은 '수업의 특성이 이러이러하므로 수업은 예술이다.'라는 진술 형식을 띠고 있다. 그런데 나는 이 장에서 '예술의 특성이 이러이러하므로 수업은 예술이 될 수 있다.'라는 형식으로, 단순히 수업이 예술이라는 은유적 수사가 아니라, 존재론적으로 수업이 예술이 될 수 있다는 것을 밝히고자 한다. 그러기 위해서는 먼저 예술이 무엇인지를 알아야 했다. 그리고 예술의 정의에 따라 수업이 예술이 될 수 있는 조건을 갖추었는지 파악한다. 이 과정에서 중요한 역할을 하는 인물이 예술 철학자 아서 단토이다. 난 아서 단토의 예술의 정의를 따라서 수업이 예술이 될 수 있음을 단계적으로 확인해 갈 것이다. 그리고 수업이 예술이 되기 위해서 어떻게 변화되어야 하는지를 이 장에서 이야기할 것이다.

'3. 교사는 어떻게 수업예술을 창작하는가?'에서는 '교사'에 초점을 둔다. 먼저 오늘날 교사들의 자존감과 열정이 낮아진 원인을 파헤치며, 어떻게 수업예술이 자존감과 열정 회복의 열쇠가 될 수 있는지 이야기할 것이다. 그리고 수업예술에서의 교사의 역할은 구성주의적 교육에서 이야기하는 교사의 역할과 어떻게 다른지도 언급할 것이다. 그리고 이 장에서 가장 비중 있게 다루는 것은 수업에서 의미를 구현하는 방법에 대한 것으로 '의미'와 '구현'으로 나누어 자세히 다루게 된다.

'4. 수업예술을 어떻게 감상할 것인가?'에서는 수업예술의 관점에서 공개 수업의 방법과 공개 수업을 참관하는 방법을 제시한다. 그리고 수업 협의회를 대신할 수업예술 비평에 대해서도 자세하게 다루게 된다. 단토 예술 철학에서 '해석'은 매우 중요한 역할을 한다. 그래서 수업예술에서도 이를 매우 비중 있게 다루게 되는데, 특히 수업예술 비평의 이해를 돕기 위하여 두 편의 실제 수업예술 비평을 수록하였다.

'5. 수업은 예술이 되어도 되는가?'에서는 최종적으로 독자들에게 수업이 예술이 되어도 되는지를 묻는다. 이를 위해 현재의 수업은 예술인지, 수업이 예술이 될 수 있는지, 수업이 예술이 되면 수업의 정체성에 문제가 생기지 않는지, 수업이 예술이 되면 어떤 점이 좋은지를 이야기하며 독자의 판단을 돕는다.

'6. 수업예술 관점에서 교육 이슈 재조명'에서는 교수·학습안의 정체성을 재조명한다. 교수·학습안이 거의 공개 수업의 부속물로 취급되는 것에서 벗어나 그 자체로 정체성을 확립해야 한다는 시각에서 논의될 것이다. 그리고 수업연구대회를 수업예술의 관점에서 조명해 보고, 대안을 이야기할 것이다. 마지막으로 수업 유형에 따른 학습 동기 유발 방법을 살펴보고 수업예술 관점에서 바람직한 방향을 모색해 볼 것이다.

내가 이 책에서 6장에 걸쳐 이야기하는 내용은 과학적인 실험에 의해 검증된 지식은 아니다. 즉 학위논문처럼 실험집단과 통제집단으로 나누어 실험 처치를 한 다음 유의미성을 검증하여 결론 내린 과학적 지식이 아니다. 듀이(John Dewey)와 같은 프래그머티스트들은 오직 관념이 객관적으로 그리고 가능한 한 과학적으로 검증되었을 때 만족한 결과를 가져와야만 진리라고 주장한다.[1] 듀이의 시각에서는 이 책에서 언급된 내용들은 완결성이 부족한 지식임이 틀림없다.

또한 이성 단독의 실행에 의해 얻어진 이성적 지식[2]으로만 이루어졌다고 보기도 어렵다. 여기에 사용된 모든 용어나 관념이 깊이 있는 철학적 사유를 통해 보편성과 타당성을 얻었다고 보기 어렵기 때문이다. 그리고 이 책에서 논하는 주제들이 시인, 수필가, 소설가들이 그들의 작품을 통해서 드러내고자 하는 주제들보다는 현학적이어서 재미없을지도 모른다.

이 책에는 나의 30여 년 교육 경험과 논리적 사유를 통해 얻은 직관적인 지식과 단토의 예술 철학을 따라가는 이성적인 지식이 혼재되어 있다.

옛날 6·25 전쟁을 피해 대구에 내려온 서정주, 박목월, 김동리, 황순원 등의 문인들이 향촌동의 다방에 모여서 나누었을 이야기를 상상해 본다. 그들의 이야기는 이성적인 지식과 직관적인 지식이 혼재된 것이었을 것이다. 이 책의 내용은 그들의 이야기 같은, 말하지 않고는 못 견딜 자욱한 담배 연기 같은, 나에게는 그런 것이다. 정제되지 않은 막걸리 같은 주장이 난무할지도 모르고, 따라서 누구든지 내 주장에 반론을 제기할 수도 있을 것이다.

이 책의 내용 중에는 실제로 막창을 구워놓고 소주잔을 비우면서 떠들어댔던 이야기들을 정교화시킨 것도 있다. 쉰일곱이 되어서야 『순수이성비판』을 출판한 칸트의 예를 들면서 진리는 오로지 세상의 화려한 잔칫상을 뒤로하고 인내의 수련 시간을 보낸 저자들의 몫이며 결국 이들의 저작만이 영원히 사람들의 정신을 살찌우는 양식이 될 것이라고[3] 한 서동욱의 말 앞에서는 부끄러움이 앞서지만, 내가 자주 가는 선술집에서 막창을 노릇노릇 구워놓고 친구를 기다리듯이 기쁜 마음으로 독자들을 기다리기로 했다.

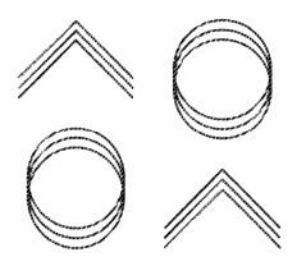

차례

1.

왜 수업예술이어야 하는가?

이 장의 내용은 책의 체계로 볼 때 후반부에 나오는 것이 적절해 보이는 내용으로 되어 있다.

그런데도 이것을 전반부에 배치한 것은 수업예술의 현실적 필요성을 피부로 느낄 수 있도록 하여 수업예술이라는 새로운 접근 방식에 대한 심리적 거리를 좁히기 위함이다.

그리고 이 장의 내용은 독자들에게 수업이 왜 수업예술이 되어야 하는지에 대한 문제 의식을 느끼도록 할 것이다.

이 문제 의식은 이 책을 읽는 내내 작동될 것이며, 이 책을 다 읽으면 독자 스스로 결론을 내릴 수 있을 것이다.

공개 수업

이 책에서 하고 싶은 이야기는 철학, 수업, 예술 세 단어로 요약할 수 있다. 정확하게 말하자면 철학, 수업, 예술 세 단어 간의 관련성에 관한 이야기이다. 물론 그 중심에는 수업이 있으므로 수업과 철학, 수업과 예술과의 관련성에 대한 이야기라고 하는 것이 더 정확할 것이다.

먼저 수업과 철학의 관계에 대해 간단하게 이야기해 보겠다. 우리는 수업을 연구할 때 주로 세 가지 질문을 한다. 첫째, 왜 가르쳐야 하는가? 둘째, 무엇을 가르칠 것인가? 셋째, 어떻게 가르칠 것인가? 세 가지 질문 중에 '왜 가르쳐야 하는가?'를 다루는 것은 철학과 관련된다. '무엇을 가르칠 것인가?'를 다루는 것은 교육과정과 관련이 된다. '어떻게 가르칠 것인가?'를 다루는 것은 과학과 관련이 된다고 볼 수 있다.

우리는 이제까지 수업할 때 '무엇을 가르칠 것인가?'와 '어떻게 가르칠 것인가?'에 초점을 맞추어 왔다. 교육학자들과 교사들은 어떻게 가르치는 것이 가장 효율적이며 효과적인가를 과학적인 실험을 거쳐 밝혀내고 그것을 현장에 적용하려고 애썼다. 가르치는 방법에도 가장 효율적인 것이 있을 수 있으며, 이러한 접근으로 인해 교사는 잘 가르치는 교사와 못 가르치는 교사로 구분이 가능한 존재라는 인식이 자연스럽게 생겨났다.

한편 '무엇을 가르칠 것인가?'에 관심을 두는 것은 결국 국가 수준의 교육과정을 기반으로 한 교육과정 재구성으로 귀결되었는데, 이는 표면적으로는 교사의 재량권과 창의성을 강조하는 것 같지만, 선행학습 금지법과 교육과정 재구성에 대한 부담으로 교육과정 리터러시 수준에 머물고 만다. 즉 교사를 수동적인 존재로 만들거나 제한적인 재량권을 인정하는 수준에 머물게 한다는 한계가 있다.

이제 우리는 '왜 가르쳐야 하는가?'에 초점을 맞추어야 한다. 수업예술은 '왜 가르쳐야 하는가?'에 초점을 둔 것이다. 이것은 교육과 철학의 관계에 관한 것으로서, 수업예술에서 교사는 수업할 때마다 늘 이 질문을 할 수밖에 없다. 또한 이것이 우리가 수업예술로 나아가야 하는 이유이기도 하다.

다음은 수업과 예술과의 관련성에 관한 이야기이다. 나는 이 책에서 '수업예술'이라는 용어를 자주 사용할 것이다. 그리고 이 용어는 맥락에 따라 두 개의 의미로 사용될 것이다.

하나는 '수업예술'을 수업의 한 장르를 말하는 용어로 사용할 것이다. 이는 '수업예술'이 예술의 한 장르를 의미하는 것이 아니라 수업의 한 장르를 의미하는 용어라는 뜻이다. 수업에 장르가 어디 있는가 또는 자의적으로 '수업예술'이라는 장르를 만들려고 한다는 비판은 달게 받도록 하겠다. 수업예술이 장르적 명칭으로 사용하는 것에 대해 거부감을 느끼는 독자들은 '수업예술'이라는 용어를 '수업은 예술처럼'이라는 말을 줄여서 표현한 언어적 수사라고 생각하며 이 책을 읽어도 좋다. 다만, 이 책을 다 읽고 나서는 '수업예술'을 하나의 수업 장르로 생각할 수 있도록 최선을 다하겠다.

다른 하나는 일반 수업과 구별하기 위하여 '수업예술'이라는 말을 사용할 것이다. 정확하게 말하자면 수업예술에서의 수업 즉 수업예술 작품을 뜻하는 말이다. 수업예술작품에서 작품이라는 말을 생략한 것으로 보면 된다.

수업과 예술과의 관계, 수업예술에 대한 이야기가 이 책의 대부분을 차지할 것이다. 그러나 나는 수업예술에 대한 첫 번째 이야기, '왜 수업예술이어야 하는가?'로 바로 들어가기보다는 우회해서 서서히 들어가고자 한다. 이는 수업예술이 생경하여 받아들이기 쉽지 않을 것으로 예상되는 독자들이 편안하게 읽도록 하기 위함이기도 하고, 마치 만병통치약을 파는 약장수로 취급당하지 않으려는 소심함 때문이기도 하다.

내가 택한 우회 경로는 공개 수업이다. 지금부터 공개 수업에 관해 이야기하고자 한다. 공개 수업에 대한 나의 이야기는 '왜 수업예술이어야 하는가?' 하는 질문에 대한 대답의 단서를 제공할 것이다. 공개 수업에 대한 나의 이야기는 몇 가지 질문으로 시작된다.

첫째 질문은 "왜 수업을 공개해야 하는가?"이다.

대부분의 교사는 자신의 수업을 공개하는 것을 매우 싫어한다. 학교에서 수업을 공개해야 하는 경우가 생겼을 때 자발적으로 수업 공개를 희망하는 교사가 없지는 않지만, 서로 미루는 것이 더 익숙한 풍경이다. 교사들이 이렇게 싫어하는 공개 수업을 왜 해야 하는가? 수업 공개의 목적은 무엇인가?

현장에서 수업 공개를 하는 사례들을 종합해 볼 때 수업 공개의 목적은 세 가지 정도로 생각해 볼 수 있다. 첫째는 알 권리를 충족시키기 위해서이다. 둘째는 교실 수업 개선을 위해서이다. 셋째는 교사 평가를 위해서이다.

알 권리를 위한 수업 공개는 학부모 대상 수업 공개와 교육 과정 기획자나 교육 정책 입안자, 관리자 등을 대상으로 하는 수업 공개 등이 있다.

교실 수업 개선을 위한 수업 공개에는 동료 장학, 신규 장학, 수업 컨설팅이나 수업 코칭을 위한 수업 공개와 연구 학교, 수업 우수 교사, 수석 교사 수업 공개 등이 있다.

마지막으로 교사 평가를 위한 수업 공개에는 교원능력개발평가를 위한 수업 공개와 수업연구대회와 같은 각종 대회 심사를 위한 수업 공개 등이 있다.

수업 공개의 목적이 되는 알 권리, 교실 수업 개선, 교사 평가라는 세 단어를 놓고 지긋이 보고 있으면 어떤 생각이 드는가? 나는 이 세 가지 목적은 모두 의무적이라는 생각을 하게 된다. 수업 공개가 교사의 권리라기보다는 의무라는 생각을 하게 된다. 또한 수업 공개가 교사의 자발성에 의해 이루어지는 것이 아니라 강요에 의해 억지로 해야 하는 것이라는 느낌을 받게 된다.

앞에서 한 질문인 "왜 수업을 공개해야 하는가?"에 대한 답은 알 권리 충족, 교실 수업 개선, 교사 평가로 압축될 수 있다. 그런데 이 세 가지는 수업 공개를 통해서만 충족되는가에 대해서 생각해 볼 필요가 있다.

"학부모의 알 권리는 공개 수업을 통해서 충족되는가?"

"교실 수업은 공개 수업을 통해서 개선되는가?"

"공개 수업을 통해서 교사를 평가할 수 있는가?"

이 질문들에 하나씩 답해보도록 하겠다.

먼저 "학부모의 알 권리는 공개 수업을 통해서 충족되는가?"라는 질문이다. 이 질문에 대한 답을 위해서 두 가지 명제를 제시하고 그 진위를 생각해 보도록 하겠다.

'학부모는 공개 수업을 참관할 경우에만 자녀의 학교생활을 파악할 수 있다.'라는 명제가 참인지에 대해 생각해 보자. 그렇지 않을 것이다. 학부모가 자녀의 학교생활을 파악할 수 있는 방법은 다양하다. 자녀의 성적을 확인하거나 교사와 면담하거나 친구들의 이야기를 듣는 등 다양한 방법이 존재하므로 모든 경우에 참이 되는 것은 아니다.

문장의 구조를 바꾸어서 '만약 학부모가 공개 수업을 참관한다면 자녀의 학교생활을 파악할 수 있다.'라는 명제로 표현했을 때 참인가도 살펴보자. 즉 '공개 수업 참관'은 '자녀의 학교생활 파악'의 충분조건인가? 그렇지 않다. 어떤 공개 수업은 자녀의 학교생활을 파악하는 데 도움이 되지 않을 수도 있다. 부모가 자신을 보고 있다는 것을 인지한 학생들이 평소와는 달리 행동할 가능성이 있기 때문이다.

‘공개 수업’ 참관은 ‘자녀의 학교생활 파악’을 위한 필요조건도 충분조건도 아니다. 그런데도 우리는 공개 수업 참관이 학부모의 알 권리를 위한 필요충분조건처럼 생각해 왔다.

같은 방법으로 ‘교실 수업은 공개 수업을 통해서 개선되는가?’라는 질문에 답을 해 보자. 이를 위해서도 두 가지 명제의 진위를 생각해 보도록 하겠다. 먼저 ‘만약 교사가 수업을 공개한다면 교실 수업 개선에 도움이 된다.’라는 명제를 생각해 보자. 이는 교실 수업 개선이 무엇인가에 대한 정의가 우선되어야 하겠지만, 일반적인 기준에서 생각해 봤을 때, 수업 공개는 어떤 식으로든 교실 수업 개선에 기여할 것으로 생각된다.

한편 ‘교사가 수업을 공개했을 때만 교실 수업 개선에 도움을 줄 수 있다.’라는 명제를 생각해 보자. 이 명제는 참으로 보기가 어렵다. 교실 수업 개선은 수업 공개 외에도 연수, 포럼, 연구 활동 등 다양한 방법이 존재하기 때문이다. 따라서 수업 공개는 교실 수업 개선의 필요조건이 될 수가 없다.

마지막으로 “공개 수업을 통해서 교사를 평가할 수 있는가?”라는 질문에 대한 답도 생각해 보자. 이를 위해서도 두 가지 명제의 진위를 생각해 보도록 하겠다. 먼저 ‘만약 교사의 공개 수업을 참관한다면 교사(자질, 역량 등)를 평가할 수 있다.’라는 명제를 생각해 보자. 이 명제는 모든 경우에 참이 될 수는 없다. 교사가 평소 수업과 달리 특별하게 공개 수업할 경우 교사의 평가를 제대로 할 수 없기 때문이다. 따라서 공개 수업을 참관하는 것만으로는 교사 평가가 충분하지 않다.

한편 '교사의 공개 수업을 참관할 경우에만 교사를 평가할 수 있다.'라는 명제를 생각해 볼 수 있다. 이 명제는 얼핏 생각해 봐도 참이 아님을 알 수 있다. 따라서 수업 공개는 교사 평가를 위한 필요조건도 충분조건도 될 수 없다는 것을 알 수 있다.

이제까지 살펴본 바를 토대로 다음과 같이 정리해 볼 수 있을 것이다. 학부모의 알 권리, 교실 수업 개선, 교사 평가가 필요하고 중요하다고 하더라도 이 목적을 달성하기 위해 반드시 공개 수업을 이용할 필요는 없다는 것이다.

이렇게 결론을 내린다면 공개 수업은 어떤 목적을 위해 존재해야 할 이유가 약화한다. 즉 어떤 목적을 위해 공개 수업을 해야 한다는 논리는 설득력이 줄어들게 된다. 혹자는 이렇게 생각할지도 모르겠다. "그러면 수업을 공개할 필요가 없다는 말인가?" 나의 대답은 물론 "아니다."이다. 그 이유에 대해서는 즉답하지 않겠다. 나는 독자들에게 또 다른 질문으로 대답을 대신하고자 한다.

지금까지의 의무적이고 강요당하는, 어떤 목적 달성을 위한 수단으로 이용되는 공개 수업이 아닌, 수업 공개 그 자체가 목적이 되는, 그래서 의무가 아니라 자유 의지로 공개하는 공개 수업은 불가능한가? 그런 세상이 온다면 어떠할까?

둘째 질문은 "동료 교사의 공개 수업을 참관하는 교사들은 왜 교실에 들어가지 않고 복도에서 서성일까?"이다.

나는 동료 교사가 수업을 공개할 때 즐겁게 수업을 참관하지 못하고 교실을 벗어나 복도에 서성이는 교사들을 자주 보아 왔다. 대부분의 교사가 그러하다고 결론짓는 것은 성급한 일반화의 오류라고 할 수 있겠지만, 오늘날 학교 현장의 한 단면인 것만은 분명한 것 같다.

참관 교사들이 복도를 서성이는 이유는 수업자가 참관하는 교사를 부담스러워할 것이라는 생각과 참관자가 자리를 피해 주는 것이 수업자를 위한 것으로 생각하기 때문이라고 가정해 볼 수 있다.

이러한 가정을 가능하게 한 것은 교원능력개발평가와 공개 수업의 연계에 기인한다. 교원능력개발평가를 위해 교사들은 의무적으로 동료 교사의 수업을 참관한 후에 이를 평가에 반영하도록 하고 있다. 이는 평가를 하는 참관자, 평가받는 수업자 모두에게 부담을 주는 게 사실이다. 외부 전문가도 아니고 평소에 같이 생활하던 동료 교사들끼리 서로 평가하는 것은 결코 유쾌한 일이 아닐 것이다. 어쩌면 교실에서 즐겁게 수업을 참관하지 못하고 복도를 서성이는 것은 당연한 일일지도 모른다.

또 한편으로는 전통적으로 내려오던 수업 협의회에 관한 교직 문화도 이러한 현상에 일조했다고 볼 수 있다. 수업 공개 후에 갖게 되는 수업 협의회에서는 가장 효율적이고 효과적인 교수법이 있다는 생각, 교수법에는 과학적이고 절대적인 지식이 있다는 생각을 전제로 수업을 분석하고 평가해 왔다. 이러한 문화에 익숙한 교사들이 자신의 수업을 공개하면서 내 수업이 잘못되었을 수 있으며, 참관하는 동료 교사들이 그것을 알아챌 수 있다는 두려움을 가지는 것은 자연스러운 일일 수도 있다. 누구보다도 이러한 것을 잘 알고 있는 교사들은 동료 교사의 수업을 어쩔 수 없이 참관하게 되더라도 가능하면 짧게, 그리고 가능하면 그 자리를 피해 주는 것이 수업자를 위하는 것으로 생각할 수 있을 것이다.

공개 수업은 수업자나 참관자 모두에게 즐겁지 않은 일이며 부담스러운 일이다. 이것이 오늘날 공개 수업의 현주소가 아닐까?

나는 다시 독자에게 질문하겠다. 수업자는 즐겁게 수업을 공개하고, 참관자는 즐겁게 수업을 참관하면서 수업자와 학생들을 축하해 주는 수업 공개 문화를 만드는 것은 불가능한가?

셋째 질문. 공개 수업은 평소대로 하는 게 좋은가? 특별히 연구해서 하는 게 좋은가?

이 질문에 대해서 교사들의 생각은 엇갈린다. 평소대로 하지 않고 특별하게 준비된 수업을 공개하는 것은 의미가 없다고 주장하는 교사들도 있고, 서로에게 도움이 되는 수업이 되기 위해서는 특별히 연구된 수업, 준비된 수업을 하는 것이 필요하다고 주장하는 교사들도 있다.

이 질문에 대한 답을 찾기 위해서는 공개 수업의 목적과 관련지어 생각해 보는 것이 좋을 것이다. 앞에서 살펴본 세 가지 공개 수업의 목적과 관련지어 이 질문에 답해 보자.

먼저 학부모, 정책 입안자, 교육 과정 관리자 등의 알 권리를 충족시키기 위해 수업을 공개한다면 가능한 현실 그대로, 평소와 같이 수업하는 것이 바람직할 것이다. 평소와는 다른 수업을 한다면 왜곡된 정보가 전달될 것이기 때문이다.

교실 수업 개선을 목적으로 공개되는 수업의 경우에는 좀 더 복잡해진다. 수업자의 수업 개선을 위한 수업 컨설팅이나 수업 코칭을 받기 위한 공개 수업이라면 평소와 같이 수업하는 것이 바람직할 것이다. 반면에 새로운 교수 기법, 교수 자료, 교수 방법 등을 제시하여 참관자의 수업 개선에 도움을 주고자 한다면 연구된 수업, 준비된 수업을 하는 것이 좋을 수도 있다.

교사 평가를 위한 목적으로 공개되는 수업의 경우를 생각해 보면 정확한 평가를 위해서는 평소와 같이 수업하는 것이 이상적이나 평가를 위한 수업을 평소대로 한다는 것이 쉽지는 않을 것이다.

"교사는 공개 수업을 평소대로 하는 것이 좋은가, 아니면 특별히 준비된 수업을 하는 것이 좋은가?"에 대한 대답을 공개의 목적에 따라 생각해 보았지만, 명쾌하게 해결되었다는 느낌이 부족한 것이 사실이다.

여기에서 나는 또다시 독자에게 질문 하나를 하고자 한다. "공개 수업을 평소대로 하는 것과 특별히 준비된 수업을 하는 것 중에 무엇이 바람직한가?"에 대한 답을 고민하는 것이 아니라, 이러한 질문 자체가 무의미한, 이 질문에 어떤 답을 하더라도 상관없는 공개 수업은 존재할 수 없는 것인가?

마지막 질문은 "공개 수업 후에 이어지는 다양한 활동들, 즉 수업 협의회, 수업 컨설팅, 수업 코칭, 수업 성찰 등이 갖는 문제점을 생각해 본 적이 있는가?"이다.

이 질문에 대한 답을 다루기 전에 각각의 용어들의 의미와 장단점을 살펴보겠다. 수업 협의회는 수업 장학의 일환으로 이루어지던 협의회로서 가장 전통적인 방식이다. 교수법에 정답이 있다는 것을 전제로 교사의 수업을 분석하고 평가하고 조언하기 위해 수업자와 참관자 다수가 모여 질의, 응답, 토론하는 방식으로 이루어지는 협의회이다. 교사의 수업 역량을 객관적, 효율적으로 측정할 수 있으나 획일화된 기준으로만 수업을 평가하여 교사의 개성을 없애버리고, 수업하는 교사의 문제점을 개선하기보다는 의욕을 꺾어버리는 경우가 많다.[4]

수업 컨설팅은 컨설팅을 의뢰한 교사의 문제를 해결하기 위해서 컨설턴트가 조언하는 방식으로 이루어지는 활동이다. 수업 컨설턴트의 체계적인 분석으로 수업하려는 교사의 문제를 잘 도와줄 수 있으나 교사의 내면 문제까지 돕지 못해 피상적인 해결책을 제시할 가능성이 크고, 수업 개선에 있어서 교사를 의존적인 존재로 만든다.[5]

수업 코칭은 교사가 성장을 넘어 내면적 성숙의 단계로 나아가도록 수업 코치와 수업 교사가 함께 대화하며 성찰하는 과정이다.[6] 수업 성찰은 교사가 스스로 수업을 돌아보고 수업에서의 문제를 해결하기 위해 동료 교사 간에 성찰적 질문을 통해 자신의 수업을 돌아보고 내면적인 대화를 같이 나누면서 스스로 수업을 개선하게 한다.[7] 수업 코칭은 전문가와 함께하는 활동이며, 수업 성찰은 동료 교사와 함께하는 활동이라는 차이가 있으나, 수업 교사가 자신의 수업을 되돌아보는 성찰을 한다는 공통점이 있다. 수업 코칭은 수업 협의회나 수업 컨설팅의 단점을 보완하여 교사의 내면적인 문제까지 다룰 수 있다는 장점이 있으나, 수업 코칭은 나의 문제 해결에 적당한 전문가를 찾는 것이 어렵고, 수업 성찰은 동료 교사들 간의 심도 있는 이야기를 나누는 것이 쉽지만은 않다는 문제점도 있다.

지금까지 수업 협의회, 수업 컨설팅, 수업 코칭, 수업 성찰에 대한 각각의 장단점을 살펴보았다. 그런데 나는 이 네 가지 활동 모두에 공통으로 나타나는 문제점이 있음을 발견했다. 수업자는 이 네 가지 활동에 참여하는 것을 고통스러워한다는 점이다. 다른 사람으로부터 내가 평가받는 것이 고통스럽고, 타인이 나의 문제점을 들추어내어 분석하고 지적하는 것이 고통스럽다. 자신의 내면을 성찰하는 것 또한 고통스러운 것이다. 고통을 즐기는 사람은 거의 없다. 우리가 고통을 회피하는 경향을 보이는 것은 지극히 자연스러운 현상이다. 그러나 혹자는 이렇게 이야기할지도 모른다. 고통은 변화와 성숙을 위해서는 감수해야 할 필연적인 과정이다. 고통 없는 성숙은 없다. 과연 그러한가? 나는 공자의 말을 인용하고자 한다. '아는 자는 좋아하는 자만 못하고, 좋아하는 자는 즐기는 자만 못하다.'

이 네 가지 활동에서 수업자가 갖는 또 다른 공통적인 특징은 방어적이라는 것이다. 모든 수업자가 그렇다고 말할 수는 없지만, 대부분의 수업자는 자신이 쓴 교수·학습안과 자신이 한 수업에 대한 비판에 대항하여 적극적으로 혹은 결사적으로 방어한다. 왜 그럴까? 교사는 자신의 수업을 자기 자신과 동일시하는 듯하다. 엄마가 자식을 자신과 동일시하고, 예술가가 자신의 작품을 자신과 동일시하듯이 말이다. 이러한 동일시는 우리 사회에 만연해 있다.

가끔 성추행 사건에 연루된 아동문학가가 집필한 책을 학교 도서관에서 제거하라는 공문을 받기도 하고, 자녀를 때린 아이의 부모로부터 직접 사과를 받아야겠다는 학부모도 있다.

그레타 거윅이 감독한 영화 〈작은아씨들〉에서도 그 예를 찾아볼 수 있다. 작가 지망생인 조 마치가 뉴욕의 하숙집에서 프리드리히를 만나 그를 사랑하게 되는데, 자신의 작품을 읽고 솔직하게 비평한 프리드리히에게 분노하여 헤어지는 장면이 나온다. 조 마치는 자신의 작품을 비평하는 것을 자신에 대한 비판으로 여긴 것이 분명해 보였다.

교사도 마찬가지이다. 자신이 쓴 교수·학습안이나 자신이 한 수업이 다른 사람으로부터 비판을 받는 것이 너무나 가슴 아픈 일인 것이다. 자신의 수업에 대해 방어적으로 되는 것은 당연한 일일 것이다.

여기에서 나는 독자들에게 마지막 질문을 하려고 한다. 교사들이 공개 수업 후에 겪게 되는 이러한 고통은 당연히 감내해야 하는 것인가? 교실 수업 개선은 고통을 통해서만 얻을 수 있는 것인가?

나는 지금까지 독자들에게 계속하여 질문만 던졌다. 독자들은 이쯤에서 불만을 터뜨릴 수도 있을 것이다. 대안이 뭐야? 대안이 있기는 한 것인가?

물론 대안은 있다. 그리고 예상하였듯이 그 대안은 '수업예술'에 있다. 그러나 내가 던진 질문에 대한 답은 다음 페이지부터 바로 이야기하지 않고 좀 더 나중에 이야기할 것이다. 왜냐하면 수업예술이 '공개 수업에 관한 문제'를 해결을 위한 방안으로 축소하여 해석되는 것을 예방하기 위해서이다. 공개 수업 문제에 대한 해결책으로서의 수업예술은 '왜 수업예술이어야 하는가?'에 대한 다양한 이유 중에 일부일 뿐이다. '수업예술'은 그보다 더 매크로적인 이론이다.

'공개 수업'에 대한 나의 질문들은 수업예술에 대한 거부감을 없애고, 호의적으로 접근하도록 하기 위한 우회 경로에 불과하다. 지금부터 수업예술에 대해 본격적으로 이야기해 보고자 한다.

2.

수업예술이란 무엇인가?

이 장에서는 예술과 수업의 관계를 이야기할 것이다.

나는 독자들이 이 장을 읽어 가면서 처음에는 독립적으로 존재하는 것처럼 느껴졌던 철학, 수업, 예술이 점차 그 경계가 허물어져 '수업예술'로 융합되어 가는 것을 경험할 수 있게 되기를 기대한다.

그 과정에서 아서 단토의 예술 철학을 만나게 될 것이고, 그의 예술 철학을 따라가다 보면 자연스럽게 '수업예술'을 만나게 될 것이다.

무엇이 예술인가?

내가 수업예술에 관심을 두게 된 계기부터 이야기해 보겠다. 수업예술에 대한 관심은 무엇보다도 '도입-전개-정리'로 정형화되어 있는 수업의 형식적 답답함을 풀어보고자 하는 단순한 아이디어에서 비롯되었다.

나는 이 아이디어를 '수업의 자유시 운동'이라고 불렀다. 운동이라고 하니 무슨 거창한 사회 운동으로 생각할지 모르겠으나, 이는 지인들끼리 술자리 안주 삼아 늘어놓던 정리되지 않은 생각의 단편이었을 뿐이었다. 그러나 이왕 이야기를 시작했으니 '수업의 자유시 운동'에 대해 이야기해 보고자 한다. 독자들은 심각하게 읽기보다는 그냥 가벼운 에피소드로 생각하고 읽기 바란다.

우리나라 시 역사에서 시조나 4·4조 가사의 정형성에서 벗어나 자유로운 형식의 시가 처음 나타난 것은 주요한의 「불놀이」*가 문예지 〈창조〉 창간호(1919.2)에 실린 시기 전후이다. 이는 지금으로부터 100여 년 전의 일이다.

그런데 21세기 학교 수업은 아직 시조의 정형성에서 벗어나지 못하고 있다고 본다. 우리의 수업은 '초장-중장-종장'의 형식과 '3·4·3·4, 3·4·3·4, 3·5·4·3'의 음수율에 갇혀 있으면서도 그 정형성에 익숙해져 불편함을 느끼지 못하고 있으며, 심지어는 그 형식에서 조금이라도 벗어나면 큰 잘못이라도 저질렀다는 듯이 질책하기도 한다.

왜 지금의 수업 형태를 정형시 시조에 비유하는가?

그 이유로 몇 가지만 들어 보겠다. 오늘날 수업에서 '도입-전개-정리' 3단계는 초장-중장-종장의 시조의 구성과 비슷하고, 도입 단계에서 이루어지는 동기유발, 학습 문제 확인, 학습 활동 안내 등은 3·4·3·4의 음수율을 보는 듯하기 때문이다.

이 비유에 대하여 반론을 제기하는 사람들도 있을 것이다. 지금의 수업은 자유롭고 교사의 창의성이 발휘될 수 있으며, 정형화되어 있는 것도 수업에 꼭 필요한 절차로서 연구된 수업 모형에 의한 것이기 때문에 불편함이 없다고 주장할 수도 있을 것이다.

정말 그러할까?

---

* 아아, 날이 저문다. 서편(西便) 하늘에, 외로운 강물 위에, 스러져 가는 분홍빛 놀……. 아아, 해가 저물면, 해가 저물면, 날마다 살구나무 그늘에 혼자 우는 밤이 또 오건마는, 오늘은 4월이라 파일날, 큰 길을 물밀어가는 사람 소리는 듣기만 하여도 흥성스러운 것을, 왜 나만 혼자 가슴에 눈물을 참을 수 없는고? 아아, 춤을 춘다, 춤을 춘다. 싯벌건 불덩이가 춤을 춘다.(후략)

대부분의 수업 모형과 교수·학습안의 도입 부분에 공통으로 정형화되어 있는 것에 대해 간단히 살펴보겠다. 수업의 시작은 반드시 동기유발, 학습 문제 확인, 학습 활동 안내 등으로 구성된 도입으로 시작해야 하는가? 플래시 몹(Flash Mob)처럼 본론부터 시작하여 본론으로 끝나는 수업은 안 되는가? 플래시 몹이 무대 공연보다 감동이 약하다고 말할 수 있는가? 동기유발도 없고 학습 문제 확인과 학습 활동 안내도 없이 느닷없이 본론으로 들어가는 플래시 몹과 같은 수업은 일반적인 수업에 비해 학생들의 학습 목표 성취도가 낮다고 말할 수 있겠는가?

좀 더 세부적으로 들어가서 시조의 3·4·3·4 음수율에 해당하는 수업의 한 단면을 살펴보도록 하겠다. 나는 수업연구대회의 수업 심사를 위해 현장을 방문한 적이 여러 번 있는데, 내가 심사했던 수업연구대회의 수업에서 학습 문제와 학습 활동 1, 2, 3을 칠판에 쓰지 않은 교사는 단 한 명도 볼 수 없었다. 학습 문제를 칠판에 쓰는 것은 시조의 음수율에 해당하는 대표적인 예라고 하겠다.

학습 문제는 꼭 칠판에 써야 하는가? 나는 초임 교사 시절에 학습 문제를 칠판에 쓰지 않고 수업한다고 관리자로부터 질책받기도 했었다.

이처럼 40분 수업 중에서 특히 정형성이 두드러진 부분은 도입 부분과 정리 부분이다. 일반적으로 도입 부분과 정리 부분은 합쳐서 10분에서 15분 정도의 시간을 배정한다. 도입 부분과 정리 부분을 합쳐서 10분으로 잡는다고 하더라도 차시 수업의 1/4을 늘 같은 패턴으로 수업하는 것이고, 학생들은 늘 같은 유형의 말을 들어야 한다.

이상에서 보듯이 21세기 학교 수업은 시조와 같이 정형화되어 있으며, 거꾸로 학습, 협력 학습, 프로젝트 학습 등 새로운 수업이론들도 정형화된 틀 속에서 받아들이고 있는 것이 현실이다.

수업이 한 단계 발전하기 위해서는 시조와 같은 정형성을 벗어나고자 하는 노력 즉 '수업의 자유시 운동'을 확산시켜야 한다고 본다.

이것이 내가 술자리 안주로 읊조리던 '수업의 자유시 운동'이다. 나는 수업의 자유시 운동이라고 사회 운동처럼 거창한 이름을 붙였지만, 딱 술자리에서 즐길 수 있는 안주 정도의 수준에 머물러 있음을 잘 알고 있다. 신나게 그리고 목소리 높여 수업의 형식을 깨뜨리기를 선동하였으나 그 빈자리를 채워줄 수는 없음을 안다. 그것은 술자리를 파하고 나면 별로 중요하게 생각되지 않는 공허한 메아리에 불과한 것이 되곤 하였다.

그러나 현재의 수업 형식이 교사의 창의성을 옭아매고 있다는 생각에는 변함이 없었다. 그러던 어느 해 여느 때처럼 '수업의 자유시 운동'에 대해 목소리 높이고 있던 나에게 선배 한 분이 아이즈너가 지은 책을 한번 읽어보라고 조언하였다.

난 엘리어트 아이즈너가 지은 『교육적 상상력』이라는 책을 읽었다. 수업은 예술이라는 아이즈너의 생각을 접할 수 있었다. 만약 수업이 예술이라면 형식적인 틀에 갇힌 수업의 답답함을 해소할 방안을 마련할 수 있을 것이고, 교사의 창의성은 날개를 달 수 있을 것으로 생각했다.

아이즈너는 '가르친다는 일은 교사가 지니고 있는 여러 종류의 신념이나 교육적인 가치관, 그리고 개인적인 요구에 맞추어 이루어지는 예술의 일종이다.[8]'라고 하면서 가르치는 일이 예술인 이유를 네 가지로 설명하였다.

그는 가르치는 일은 그것이 예술적인 경험이라는 의미에서, 수업의 질에 대한 조정이 예술적인 감각에 의존하고 있다는 점에서, 일상적인 행위가 아니고 창조적인 활동이라는 점에서, 그리고 목표가 그 과정 가운데에서 이루어진다는 점에서 예술이라고 하였다.[9]

그의 책을 접하고부터 나의 관심은 '수업의 자유시 운동'에서 '수업 예술'로 옮겨갔다. 아이즈너를 접한 것은 내 생각의 전환점이 되었다. 수업이 예술이라는 생각은 아이즈너만 한 것이 아니었다.

게이지는 "가르치는 일을 예술이라고 하는 것은 무엇을 의미하는가? 가르치는 일은 미술이 아니고 도구 혹은 실용예술이다. 도구 예술이기 때문에 가르치는 일은 처방들, 공식들, 알고리즘들과는 거리가 멀다. 그것은 즉각적 대응, 자발성, 형태·스타일·속도·리듬과 같은 수많은 요소에 한 고려, 그리고 적절성을 매우 복잡하게 요구하기 때문에 마치 엄마들이 5살 자녀를 다루는 것을 컴퓨터가 따라 할 수 없는 것처럼 컴퓨터조차 감당해 내지 못한다."라고 말하면서 예술성에 대해 언급하고 있다.[10]

이혁규는 가르침이 예술이라는 말은 하나의 은유라고 하며, 가르침이 은유인 까닭은 창의적인 수업 실천, 목적과 수단의 분리에 대한 거부, 수업의 미세한 질적 특성, 학생과 교사 모두에게 미적 체험을 불러일으키기 때문이라고 하였다.

이들의 주장은 대부분 수업의 이러이러한 특성이 예술의 특성과 닮았으므로 수업은 예술이라고 설명하고 있다. 나는 앞에서 언급한 학자들의 수업과 예술의 관계에 대한 설명에 고개를 끄덕였지만, 여전히 수업이 예술이라는 확신을 하지 못했다.

나는 수업의 특성이 이러이러하므로 수업은 예술이라는 진술을 살짝 뒤틀어서 '예술이 이러이러한 것이므로 수업은 예술이 될 수 있다.'라는 것을 밝히고자 하였다. 이것을 설명할 수 있다면 수업이 예술이 될 수 있다는 것에 좀 더 확신을 가질 수 있을 것 같았다. 그러기 위해서는 예술이 무엇인지 알아야 했다.

'수업이 예술이다.'와 '수업은 예술이 될 수 있다.'라는 진술은 약간 다른 의미를 지닌다. '수업이 예술이다.'라는 말에는 이것을 주장하는 사람이 수업이 진짜 예술인지에 대한 믿음을 갖고 한 말인지를 확인하기가 쉽지 않다. 이 진술은 사실적 진술일 수도 있고, 하나의 은유일 수도 있기 때문이다. 만약 이것이 사실적 진술이라면 수업이 예술이라고 주장하는 사람들은 이것이 진실이라는 믿음을 갖고 한 말이다. 독자들이 수업은 예술이라는 것을 믿지 않는다면 그들이 한 말도 믿지 않을 것이다. 만약에 수업이 예술이라는 진술을 은유적으로 표현한 것이라면 이 말을 한 사람은 최소한 수업이 예술이 아니라는 것을 알고 있다는 뜻이다. 수업이 예술인 것이 확실하다면 그것을 은유적으로 표현하는 것은 맞지 않기 때문이다. 수업이 예술이라는 것을 은유적으로 표현했을 때는 독자들이 수업을 예술로 믿지 않더라도 그 주장을 한 사람의 말은 믿을 가능성이 크다. 따라서 '수업이 예술이다.'라는 말에는 실제로 수업은 예술이라는 생각과 수업은 예술이 아니라는 생각이 혼재되어 있다고 볼 수 있다.

'수업은 예술이 될 수 있다.'라는 말에는 그런 불확실성이 훨씬 적다. 최소한 이것은 은유적 표현 '~이다.'가 아니기 때문이다. 이 말에는 수업이 예술이 될 수 있다는 진짜 믿음이 포함되어 있다. 따라서 독자들은 수업이 예술이 아니라고 생각한다면 수업예술에서 이야기한 것들도 믿지 않을 가능성이 크다. 또한 '수업은 예술이 될 수 있다.'라는 말에는 현재는 수업이 예술이 아니라는 말을 내포하고 있다. 그러나 어떤 조건이 더해진다면 예술이 될 수 있다는 말도 내포되어 있다.

나는 '수업이 예술이다.'라고 진술하지 않고, '수업은 예술이 될 수 있다.'라고 진술하였다. 그래서 은유적 표현이 아니라, 수업이 정말 예술이 될 수 있는지를 진지하게 알아보려고 한다. 그러기 위해서는 예술이 무엇인지를 알아야 했다.

다시 말하지만, 예술이 무엇인지를 파악하고자 하는 나의 목적은 수업이 예술이 될 수 있는지를 밝히기 위함이다. 나는 노엘 캐럴이 『예술철학』[11]이라는 책에서 분류한 8가지 예술의 정의를 따라가 보기로 했다. 노엘 캐럴이 분류한 예술의 정의를 하나하나 살펴보면서 수업이 예술이 될 수 있는지를 이야기하려고 한다. 정확히 말하자면 나는 수업이 예술이 될 가능성이 있는 예술의 정의에 주목하고자 한다. 미리 말하는데 나는 매우 편파적일 것이다. 예술에 대한 많은 정의 중에 그 정의로서 수업이 예술이 될 수 없다고 생각하면 그 정의는 과감히 버릴 것이다. 그리고 예술에 대한 정의 중에 그 정의로서 수업이 예술이 될 수 있다는 가능성을 발견하면 그 예술에 대한 정의만을 심도 있게 다룰 것이다. 이러한 나의 작업은 연구라기보다는 채굴에 가까웠다. 잡다한 암석은 버리고 금강석만 주워 담듯이 편파적이고 절실하였다.

노엘 캐럴이 분류한 예술의 정의는 재현적 예술 이론, 표현 이론, 형식주의 이론, 심미적 예술 이론, 신-비트겐슈타인주의, 예술 제도론, 역사적 예술 정의, 역사적 서술로 8가지이다. 노엘 캐럴은 예술의 다양한 정의를 분석하며 그것의 한계를 지적하였지만, 나는 그것에는 관심이 없다. 여기에 언급된 모든 예술적 정의가 옳다는 것을 전제하고 수업과의 관련성을 검토할 것이다.

첫째, 재현적 예술 이론을 살펴보겠다. 재현적 예술 이론은 다시 모방론, 재현론, 신재현 이론으로 구분할 수 있다.

모방론은 플라톤과 아리스토텔레스에 의해 제시되었는데, 예술은 모방적이라는 것이다. 즉 어떤 것이 예술 작품이 되기 위해서는 무엇을 모방하고 있어야 한다는 것이다. 난 모방론을 내 노트에서 과감하게 지워 버렸다. 수업은 어떤 것을 모방하는 것이 아니기 때문이다. 모방하지 않으면 수업이 아니라고 말할 수는 없지 않은가?

재현론은 예술은 어떤 것의 재현이라고 보는 것이다. 재현이란 어떤 것을 대리하려는 것이되, 관객에 의해 그것대로 인지되는 어떤 것을 의미한다.[12] 다시 말하자면 예술 작품이 어떤 것을 상징하거나 지시하고, 관객은 그 예술 작품이 무엇을 지시하고 있다는 것을 인지할 수 있을 때 예술 작품이라고 보는 것이 재현론이다. 정물화는 실제의 사과가 담긴 바구니를 대리하고 있으며, 관객은 정물화 속에 그려진 것이 사과가 담긴 바구니라는 것을 알 수 있을 때 이 정물화는 예술 작품이라는 것이다. 난 이것도 내 노트에서 지웠다. 수업은 어떤 것을 대리하는 것이 아니라 실제이고 현실이다. 연극을 관람하는 관객들은 무대 위에서 살인이 일어나더라도 경찰에 신고하지는 않을 것이다. 왜냐하면 그것은 현실이 아니라는 것을 알기 때문이다. 그러나 수업은 다르다. 수업 도중에 폭력이 발생한다면 그것을 태연히 바라볼 사람은 없을 것이다. 수업은 재현이 아니라 현실임을 알기 때문이다. 따라서 재현론은 제외되었다.

다음은 신재현 이론이다. 예술 작품으로 생각되기 위해서 그 후보자는 어떤 것(즉, 말할 만한 주제를 가져야 한다.)에 관한 것이어야 한다는 것이다.[13] 이것은 수업에도 적용될 가능성이 보였다. 수업은 주제도 있고 내용도 있기 때문이다. 나중에 신재현 이론에 대해서 좀 더 자세히 이야기하도록 하겠다.

둘째, 표현 이론에 대해 살펴보겠다. 예술 재현론이 과학자의 활동과 유사하게 외부 세계를 기술하는 데 관계한다면 예술이 과학에 밀리는 것이 확실해 보인다. 그래서 객관 세계에 대한 탐구는 과학에 돌려주고, 예술은 감정이라는 내부 세계를 탐구하고자 하는 경향이 나타났는데 이렇게 등장한 것이 표현 이론이었다. 수잔 K. 랭거(Susan K. Langer)는 예술 작품은 감각이라든가 상상력을 통해서 지각되도록 창작된 표현 형식이어서 거기에 표현된 것은 인간 감정이라고 하였다.[14] 그리고 그는 감정이란 정서, 감정 등 인간이 느낄 수 있는 모든 것이라고 하였다.

수업으로 다시 돌아가 보자. 수업은 인간의 감정을 표현하거나 전달하는 활동이라고 보기에는 무리가 있어 보인다. 노엘 캐럴은 재현될 수 있는 것은 사물-대상, 인간, 장소, 사건, 행동 등-인 반면에, 표현될 수 있는 것은 인간의 성질이나 의인화된 속성들-일반적으로 오직 인간에게만 적용될 수 있는 성질이나 속성들-이라고 하였다. 따라서 수업을 감정을 표현하는 활동이라고 말하는 것도 무리가 있어 보인다.

셋째, 형식주의 이론이다. 이 이론은 다시 형식주의와 신형식주의로 나누어 살펴보려고 한다. 형식주의 이론에서는 작품이 의미 있는 형식을 가질 경우에만 예술이라고 보고 있다. 여기서 의미 있는 형식이란 통일성, 균형, 비례, 강조, 변화, 대비 등을 말한다. 형식주의자들은 내용을 배제하는 것은 아니지만, 어떤 것이 예술 작품이 되는 것은 내용 때문이 아니라 의미 있는 형식이 있기 때문이라고 보고 있다. 이 이론을 그대로 수업에 적용한다면 어떨까? 모든 수업은 형식이 있음은 분명해 보인다. 형식을 내용을 표현하는 양식이라고 보았을 때 수업에도 형식이 있음은 분명하다. 듀이가 교육을 의사소통을 통한 경험의 끊임없는 개조라고 한 것과[15] 파머가 가르침을 진리의 커뮤니티가 실천되는 공간을 창조하는 것이라고 한 것은[16] 교육의 형식을 강조한 정의라고 볼 수 있다. 그들이 강조하는 상호작용은 예술 형식주의에서 말하는 의미 있는 형식에 대입하는 것이 가능해 보인다. 예술에서 의미 있는 형식을 통일성, 균형, 비례, 강조, 변화, 대비 등으로 하였다면, 수업에는 상호작용, 확산적 발문, 탐구, 사고력 등에서 의미 있는 형식을 생각해 볼 수 있을 것이다. 따라서 형식주의 이론은 수업이 예술일 가능성을 열어 준다. 그러나 수업에서 내용보다 형식을 강조하는 것에 동의할 사람은 많지 않을 것이다. 나는 형식주의보다 한 걸음 더 나아간 신형식주의를 위해 이 이론도 나의 노트에서 제외시켰다.

신형식주의는 형식과 내용이 적절하게 관계되어 있다면 예술이라고 하였다. 형식주의가 내용적인 측면을 무시한 데 비하여 신형식주의는 형식과 내용을 모두 강조함과 더불어 표현적인 측면 즉 적절한 관계를 강조하였다. 또한 신형식주의에서는 새로운 내용은 새로운 형식을 요구한다고 보고 있으므로[17] 형식을 통일성, 균형, 비례, 강조, 변화, 대비 등에 국한할 필요가 없어진다.

수업으로 다시 돌아가 보자. 수업에도 내용과 형식이 있음이 분명해 보이고 그것이 적절한 관계를 맺는 것도 중요해 보인다. 신형식주의 이론은 수업을 예술로 볼 수 있게 해주는 매우 매력적인 이론이다.

넷째, 심미적 예술 이론이다. 노엘 캐럴은 심미적 예술 정의를 다음과 같이 주장한다.

> *x*가 어떤 능력을 가지게끔 생산된 것이라면 즉 미적 경험을 제공하는 능력을 가지게 하게끔 생산된 것이라면 오직 그때에만 *x*는 예술 작품이다.[18]

이 정의를 통해 심미적 예술 이론을 이해하려면 미적 경험이 무엇인지에 대해 알아보아야 하는데, 노엘 캐럴이 예술 철학에서 설명한 내용을 요약하면 다음과 같다. 미적 경험은 작품의 통일성, 다양성, 강도와 같은 미적 속성을 발견하고 판별하는 일을 포함한다. 또한 미적 경험은 형식적 관계에 대한 경험 즉 구도 감상이다. 즉 예술 작품의 다양한 요소들을 전체의 목적과 관련시키는 경험을 말한다.

수업으로 다시 돌아가 보자. 교사는 특별한 경우를 제외하고는 미적 경험을 학생들에게 제공하기 위해 수업을 계획하지는 않을 것이다. 학생들도 수업에서 통일성, 다양성, 강조와 같은 미적 속성을 경험하는 것이 목적이 아니며, 학생들은 수업의 구도와 형식에 관심을 두지 않는다. 따라서 심미적 예술 이론은 수업이 예술이 될 수 있다는 것을 밝히는 데 크게 도움이 되지 않는다.

다섯째, 신-비트겐슈타인주의이다. 그들은 예술을 정의할 수 없다고 했다. 그들에게 예술은 열려 있는 개념, 독창성과 창조가 끊임없이 가능한 활동 영역을 일컫는 개념이기 때문이다.[19] 그들은 예술과 비예술의 구별은 개념적 정의에 의해서가 아니라 가족 유사성 방법으로 가능하다고 하였다. 신-비트겐슈타인주의자에게 예술은 하나의 가족과 같다. 그리고 그 가족의 구성원은 새로 들어올 후보자와 이전부터 알려진 가족 구성원 사이에 인상적일 만큼 유사성이 있는지에 따라 결정된다.[20]

예술은 정의할 수 없다고 하는 신-비트겐슈타인주의는 수업이 예술이 될 수 있는지에 대한 답을 구하는 데 큰 도움이 되지 않는다. 난 가족 유사성 방법으로 수업이 예술이 될 수 있다는 것을 밝히는 것에는 자신이 없다. 수업과 예술의 유사성을 이야기할 수는 있겠지만, 이 둘이 같은 유전자를 지녔다고 밝히는 것은 어려울 것으로 예상되기 때문이다.

여섯째, 예술 제도론이다. 예술 세계는 규칙과 절차에 따라 움직이는 하나의 사회 제도이다. 따라서 예술 작품은 요구된 규칙과 절차에 의해 진행됨으로써 생성된다. 예술 제도론자가 주장하는 예술 작품이 되기 위한 규칙과 절차는 다음과 같다.

> 만일 *x*가 인공물이고, 어떤 제도(예술세계)를 대표하여 행위하는 사람이 후보자에게 감상의 기회를 부여한다면, 오직 그때에만 그 *x*는 분류적 의미에서 예술 작품이다.[21]

여기에서 '예술 세계를 대표하여 행위하는 사람'은 누구인가? 예술에 대한 지식과 경험을 가진 예술가나 비평가가 대표적인 사람이다. 즉 예술가나 비평가가 인공물에게 감상 후보자의 지위를 부여할 때 그 인공물은 예술 작품이 된다고 주장한다. 이는 대학 총장이 졸업자에게 학사 학위를 수여하는 교육 제도와 비슷하다.

수업으로 다시 돌아가 보자. 예술 제도론에 따르면 수업이 예술이 되기 위해서는 예술가가 수업에 감상 후보자로의 지위를 부여해야만 한다. 하지만 그 가능성은 희박하다. 따라서 예술 제도론으로 수업이 예술이 될 수 있다고 밝히는 것은 무리가 있어 보인다.

일곱 번째, 역사적 예술 정의이다. 이 이론은 후보자들을 예술사와 연결한다. '어떤 것은 적어도 역사 속에서 출현했던 많은 전례화된 예술 관점 중에 하나를 장려하려는 의도를 가지고 제작되었을 경우에만 하나의 예술 작품이다.[22]'라고 보는 입장이다. 역사적 예술 정의 이론은 예술가의 의도가 예술의 필요조건이라는 점에서는 매력적이지만, 이 이론에서는 수업이 예술이라는 것을 밝히는 데 필요한 결정적인 실마리를 얻지 못했다. 이 이론에 따르면 앞에서 언급한 여러 이론에서 수업이 예술이라는 것을 밝힐 수 있다면 역사적 예술 정의 이론에서도 수업이 예술임을 인정해 주겠다는 것과 다름없다. 따라서 이 이론은 나에게 별다른 도움이 되지 않았다. 다만, 내가 정의적 예술 철학에 근거하여 수업이 예술임을 밝힌다면 역사적 예술 정의는 나의 이러한 행위를 지지해 줄 것이다.

마지막으로 역사적 서술이다. 노엘 캐럴은 역사적 서술을 다음과 같이 설명한다.

> 말하자면 무정형적인, 일반적으로 아방가르드적인 제작물 *x*와 이전부터 인정된 제작 및 사고 전통을 가진 기존의 작품들 사이에는 눈에 띄는 간격이 있다. 예술 작품으로서 *x*의 지위를 확립하기 위해 *x*의 지지자는 그 간격을 메꾸어야 한다. 그리고 그 간격을 메꾸는 표준적인 방법은 어떤 역사적 서술을 만드는 것이다.[23] 그리고 예술 작품을 분류하는 서술적 방법은 문제의 작품을 이전부터 인정된 예술 작품의 실천과 연관시킴으로써 한 후보자의 예술 지위를 입증하는 것이다.[24] 즉 우리는 전통에서 새 작품의 혈통을 정확하게 서술함으로써 왜 새 작품이 예술로서 생각되어야 하는지를 설명한다.[25]

수업이 어떤 다른 예술 작품의 혈통을 이었다고 밝혀내는 것은 쉽지 않아 보인다. 이는 예술이라는 기존의 장르 안에서 아방가르드적인 작품이 전통적인 다른 작품과의 관련성을 서술하는 것과는 너무나 다르기 때문이다. 따라서 역사적 서술도 제외했다.

지금까지 나는 수업이 예술이 될 수 있는 가능성을 밝혀 줄 예술의 정의를 찾아서 노엘 캐럴이 정리한 다양한 예술 정의들을 살펴보았다. 그 결과 수업이 예술이 될 수 있다는 가능성을 밝혀 줄 예술 정의는 '신재현 이론'과 '신형식주의 이론'이라고 생각하였다. 예술은 어떤 것에 관한 것이어야 한다는 신재현 이론, 형식과 내용이 적절하게 관계되어 있으면 예술이라는 신형식주의 이론은 수업이 예술이 될 수 있는 가능성을 제공해 주었다.

이제부터 내가 할 일은 신재현 이론과 신형식주의 이론을 좀 더 심도 있게 알아보는 일이다. 희망적이었던 것은 신재현 이론과 신형식주의 이론에서 공통으로 '아서 단토'라는 철학자를 발견할 수 있었다는 것이다. 아서 단토는 신재현주의자이면서 신형식주의자라고 볼 수 있다. 따라서 아서 단토의 예술의 정의를 따라가다 보면 수업이 예술이 될 수 있다는 것을 확인할 수 있을 것으로 생각하였다. 난 아서 단토의 예술 철학을 살펴보기 위하여 그의 저서 『일상적인 것의 변용』[26], 『예술의 종말 이후』[27], 『무엇이 예술인가』[28]를 중심으로 탐구하였다.

수업은 예술이 될 수 있는가?

수업이 예술이 될 수 있는지를 밝히는 것이 이번 장의 목적임을 다시 밝혀 둔다. 그런데 중요하게 전제되어야 할 것이 한 가지 있다. 난 이 책이 출판되었을 때 예상 독자는 예술계에 속한 사람들이 아니라, 교육계에 속한 사람들이라는 것을 알고 있다. 또한 내가 여러 가지 이유를 들어 수업은 예술이 될 수 있다는 것을 밝히고 난 후 이것에 대한 동의를 구해야 할 사람들도 교육계에 속한 사람이라는 것을 알고 있다. 따라서 수업이 예술임을 밝히는 것은 예술계 안에서 수업이 예술의 지위를 얻게 하기 위함이 아니라 교육계 안에서 수업에 예술적 지위를 부여하기 위함이다. 이것은 매우 중요한 문제이다.

하나의 수업에 예술 작품의 지위를 부여하는 것은 예술계에 속한 예술가가 아니라 교육계에 속한 교사이며, 수업이 갖는 의미와 가치를 해석하는 것도 예술계가 아니라 교육계여야 한다.

이런 의미에서 "수업은 예술이 될 수 있는가?"라는 물음에 대한 답을 얻은 후에는 더욱 현실적인 물음인 "수업은 예술이 되어도 되는가?"라는 질문을 다시 교육계에 던져야 할 것이다. 그런데 "수업은 예술이 되어도 되는가?"라는 질문이 성립하기 위해서는 '수업이 예술이 될 수 있다.'라는 것이 전제되어야 한다. 즉 이 질문은 수업이 예술이 될 수 있으니, 예술이 되어도 되는지 허락을 얻고자 하는 질문이다. 이것이 "수업은 예술이 될 수 있는가?"라는 질문에 대한 답을 찾을 수밖에 없는 이유이다.

다시 정리하여 말하자면, "수업은 예술이 될 수 있는가?"라는 질문은 원칙적으로는 예술계에 해야 하나, 수업을 예술의 한 장르로 편입시키기 위한 것이 아니라 수업예술을 수업의 한 장르로 인정받고자 하는 것이 목적이므로 교육계에 하고자 하며, 이어서 "수업은 예술이 되어도 되는가?"라는 질문을 통해 교육계의 허락을 얻고자 한다.

지금부터 "수업은 예술이 될 수 있는가?"라는 질문에 대한 답을 찾기 위해서 단토가 '예술이란 무엇인가?'를 위해 철학적으로 탐구해 간 길을 따라가고자 한다. 다만 단토는 예술과 비예술, 예술과 단순 표상, 예술과 변용적 표상들의 차이에 대해 예술계와 대화를 나누고자 하였다면, 나는 수업이 예술이 될 수 있는가에 대해 교육계와 대화를 나누고자 한다는 점이 그와는 다른 점이다.

만약 내가 예술계에 수업은 예술이 될 수 있는지를 묻는다면 수업을 예술계에 편입시키기 위한 목적이었을 것이다. 그러나 나는 그런 목적은 전혀 없으므로 예술계에 그것을 물을 이유가 없다. 반면에 내가 교육계에 수업은 예술이 될 수 있는지를 물을 때 교육계에는 나에게 이렇게 되물을 것이다.

"왜 수업은 예술이 될 수 있다고 생각하는가?"

"수업이 예술이 된다면 수업의 정체성이 훼손되지는 않을까?"

"수업이 예술이 되면 어떤 효용이 있는가?"

나는 이 세 가지에 답을 할 수 있어야 할 것이다. 내가 단토의 안내에 따라 수업이 예술이 될 수 있는가를 알아보는 것은 교육계의 첫 번째 질문에 답하기 위해서이다.

난 이 질문에 답하기 전에 이 질문과 관련된 한두 가지 에피소드를 이야기하고자 한다.

그 하나는 작곡가 존 케이지(John Cage)의 이야기이다. 그가 작곡한 「4분 33초」는 1952년 8월 29일 뉴욕 교외 우드스톡에서 피아니스트 데이비드 튜더에 의해 연주되었다. 이 곡은 세 악장으로 이루어져 있었다. 튜더는 건반 위에 건반 덮개를 덮는 것으로 시작을 알린 뒤 스톱워치로 악장의 길이를 쟀다. 첫 번째 악장이 끝나자 그는 건반 덮개를 걷었다. 그런 뒤 두 번째에도 세 번째에도 똑같이 했다. 그는 4분 33초 동안 한 음도 연주하지 않았지만, 끝난 뒤에는 고개를 숙여 인사를 했다.[29] 그는 자연의 소리에 예술의 지위를 부여한 것이다.

또 하나의 에피소드는 레디메이드의 거장 마르셀 뒤샹의 이야기이다. 그의 가장 유명한 레디메이드는 소변기로 변기의 등이 바닥에 눕혀져 있고 테두리에 'R. Mutt 1917'이라는 가짜 서명이 쓰여 있다. 뒤샹은 이 소변기를 독립미술가협회가 후원하는 전시회에 '샘'이라는 제목으로 출품했는데, 독립미술가협회는 소변기는 배관 설비지 예술 작품이 아니라고 하면서 그 작품을 거부했다고 한다.

두 에피소드는 예술계에서 잘 알려진 이야기로, 지금은 두 작품 모두 예술 작품으로 인정받고 있다. 나는 이와 비슷하지만 보는 시각에 따라서는 전혀 다를 수 있는 한 가지 이야기를 하고자 한다. 이 에피소드는 내가 지어낸 허구임을 밝혀 둔다.

어느 날 대구광역시 소재 모든 초등학교 교사들은 특별한 공연 팸플릿을 받았다. 엄격한 의미에서 공연이라고 말하기 어렵지만, 어쨌든 공연 팸플릿을 받은 교사들은 당혹감을 감추지 못했다. 그것은 얼핏 보기에는 평범한 연극 공연 팸플릿이었다. 제목은 '표현의 동기'였고, 날짜와 장소가 표지에 쓰여 있었는데, 장소는 '대구문화예술회관 비슬홀'이었다. 여느 공연 팸플릿처럼 출연진 소개, 공연 작품 소개 등이 글과 사진으로 실려 있었다. 학교 교실에서 일어난 일을 소재로 한 연극 공연처럼 보이기도 했다. 그러나 교사들이 팸플릿을 자세히 살펴보았을 때 그것은 공연 팸플릿이 아니라는 것을 알았다. 그것은 실제 공개수업 안내장이었다. 이 공개 수업을 기획한 A교사는 교수·학습안 대신에 팸플릿을, 교실이라는 장소 대신에 공연장을, 출장 공문 대신에 초청장을, 공개 대신에 발표를 선택하였다. A교사는 수업을 예술 작품으로 본 것이다.

존 케이지가 '4분 33초'라는 제목으로 자연의 소리에 예술의 지위를 부여하고, 마르셀 뒤샹이 소변기에 예술 작품의 지위를 부여했듯이 A교사는 수업에 예술의 지위를 부여한 것이다.

이제 독자들은 교육계의 한 사람으로서 수업이 예술이 될 수 있는지를, 수업이 예술이 되어도 되는지를 고민해 보아야 할 것이다. 앞에서 나는 수업이 예술이 될 수 있는지를 알아보기 위하여 단토가 '예술이란 무엇인가?'를 찾기 위해 철학적으로 탐구해 간 길을 따라가고자 한다고 밝혔다.

이제 나는 재미없고 어렵겠지만, 여러분을 단토의 예술 철학으로 안내하려고 한다. 이는 예술 철학을 심도 있게 공부하기 위해서가 아니라 수업이 왜 예술이 될 수 있는지를 알아보는 기저가 되기 때문이다.

단토는 예술사를 예술의 시대 이전, 예술의 시대, 예술의 시대 이후(또는 예술의 종말 이후)로 구분하였다. 예술의 시대 이전은 예술이라는 개념이 형성되기 이전으로 르네상스 시대 이전을 말한다. 예술의 시대는 르네상스 시대부터 모던 시대까지를 말한다.

예술의 시대는 다시 두 개의 네러티브 시대로 나누어지는데, 그 첫 번째는 바자리 네러티브 시대이고 두 번째는 그린버그 네러티브 시대이다. 그리고 예술의 시대 이후 즉 예술의 종말 이후의 시대를 컨템퍼러리 네러티브 시대라고 부른다. 이처럼 그는 예술사를 네러티브로 시대 구분을 하고 있다.

바자리 네러티브는 모방의 시대로 모방을 위한 테크닉인 원근법, 명암법 등이 강조되던 시대였다. 이 시대는 레오나르도 다 빈치, 라파엘로, 미켈란젤로 등의 대가가 있었다. 그런데 바자리 네러티브는 모든 이야기가 그러하듯이 끝을 맺게 되는데, 그 계기는 동영상의 등장과 관련이 있었다. 바자리 네러티브가 목표로 삼고 있는 정확한 모방은 동영상이 훨씬 더 잘하였고, 그에 따라 바자리 네러티브는 끝이 날 수밖에 없었다.

바자리 네러티브의 종말과 더불어 방향을 잃은 예술은 예술 즉, 회화가 다른 것과 구별되는 본질이 무엇인지를 탐색하기 시작했다. 이는 회화의 주제가 바로 회화가 된다는 것을 의미한다.[30] 이러한 탐색 결과 이것만이 회화의 본질이라는 다양한 선언들이 나타났다. 즉 자신들이 선언한 것만이 회화이며 다른 것은 회화가 아니라는 배타적인 이데올로기 시대를 맞이하게 되었다. 이 시대를 그린버그 네러티브 시대라고 부른다. 그린버그 네러티브는 이 시대의 대표적인 선언문이다. 그린버그는 모던적인 작품이 자신의 본질에 충실하기 위해서는 다른 예술 매체로부터 빌려왔거나 다른 예술 매체가 빌려간 것으로 여겨지는 일체의 효과를 제거하여야 한다고 했다.[31] 그리하여 순수한 예술의 본질은 평면성에 있다고 보았다. 평면성이야말로 회화가 다른 예술들과는 공유하지 않는 유일한 조건으로 보았기 때문이다. 이처럼 그린버그 네러티브 시대에는 회화의 경우에 자신의 물질적 매개체인 물감, 캔버스, 표면, 형상 등과 동일시하게 되었다. 이러한 도식에 정확하게 들어맞지 않는 다른 회화들은 이 시대들에서는 예술로 받아들여지지 않았다.

그린버그 네러티브가 이끌던 모던 예술은 팝아트가 등장하면서 끝이 났다. 팝아트의 등장과 더불어 모든 것이 예술이 될 수 있는 시대가 되었기 때문이다. 말하자면 예술 작품이 어떠해야 한다는 특별한 방식이 더 이상 존재하지 않는다는 것을 미술이 인식했을 때 그린버그 내러티브도 종말에 이르렀다.[32] 팝아트가 등장하면서 예술가들은 자신이 원하는 어떤 방식으로든, 자신이 원하는 그 어떤 목적을 위해서 혹은 어떠한 목적도 갖지 않고도 자유롭게 예술을 만들 수 있게 되었다고 했다.[33] 즉 컨템퍼러리 네러티브 시대가 된 것이다.

단토는 그린버그 네러티브의 종말과 컨템퍼러리 내러티브의 시작을 1964년에 맨해튼 이스트 74번가에 있는 스테이블 갤러리에 전시된 앤디 워홀의 작품 「브릴로 상자」로 보고 있다.

앤디 워홀의 '브릴로 상자'에 대해 좀 더 살펴보도록 하겠다. 브릴로는 세제가 함유된 철 수세미 제품을 말하는데, 앤디 워홀이 갤러리에 전시한 브릴로 상자는 시장에 판매되는, 추상표현주의 화가 제임스 하비가 디자인한 브릴로 상자와 외관상 아무런 차이가 없는 것이었다. 단토는 앤디 워홀의 브릴로 상자를 보고 예술 작품과 실제 사물은 더 이상 시각적으로 구별되지 않는다는 것을 알았다. 그리고 그는 앤디 워홀의 브릴로 상자는 다음과 같은 철학적 물음을 갖고 있다고 보았다. 예술 작품과 실제 사물이 시각적으로 똑같아 보일 경우에 이 둘의 차이를 만드는 것은 무엇인가? 즉 무엇이 어떤 것을 예술로 만드는가?

그는 지금까지 예술에 대한 정의를 제대로 할 수 없었던 것은 예술의 본질을 지각적인 것으로 파악했기 때문이라고 보았다. 단토는 그 차이를 보이지 않는 것에서 찾았다. 그리고 그는 예술을 다음과 같이 정의하였다.

예술은 구현된 의미이다. 그럼 이제 단토의 정의에 포함되어 있는 두 가지, 의미와 구현에 대해 더 살펴보겠다.

의미는 어떤 것에 관한 것을 뜻하는 것으로서 모든 예술 작품은 의미를 갖고 있다고 보았다. 제임스 하비의 브릴로 상자는 브릴로에 관한 것이고, 앤디 워홀의 브릴로 상자는 팝아트에 관한 것이다. 그리고 예술 작품에서의 의미는 사용하는 사람이나 상황에 관계없이 항상 일정한 의미를 지니는 외연적 의미가 아니다. 즉 그것이 지칭하는 것, 가리키는 것을 의미하는 일차적인 의미가 아니다. 예술 작품에서의 의미는 내포적인 의미이다. 즉 연상이나 관습 등에 의해 형성된 내용과 관련된 이차적인 의미이다.

우리는 의미를 추론하거나 파악하지만, 의미는 전혀 물질적이지 않다. 그래서 주어와 술어로 구성되는 문장과 다르게 의미는 그것을 담고 있는 사물로 구현된다.[34]

구현은 내용 즉 의미에 관여하는 방식이다. 예술가는 예술 작품의 구체적인 지각적 면모들에 의미론적 기능을 부여하는데, 이는 관람자로 하여금 작품의 면모들이 '무엇에 관한 것인가?' 즉 의미를 해석하도록 인도하기 위한 것이다. 구현은 표현 형식이라고도 말할 수 있는데, 이러한 형식은 완전히 예술가의 개인적인 것이라기보다는 작품 제작 당시에 예술가가 속해 있는 예술계에서 수용되는 예술 개념과 예술 이론, 규약 등에 의해 제한된다. 또한 예술가가 의미를 구현하는 데 있어서 예술 이론이나 규약의 지배를 받는 동시에 예술가 개인의 표현성과 스타일에 영향을 받기도 한다.

관람자가 예술가의 작품을 해석할 수 있는 것은 예술 작품이 예술

이론이나 규약에 의존하기 때문이고, 작품의 해석이 쉽지 않은 것은 예술가 개인의 표현성과 스타일로 그 의미가 구현되기 때문이기도 하다.

지금까지 단토가 말한 예술사와 예술의 정의 즉 예술 작품의 필요 조건인 '구현된 의미'에 대해 살펴보았다. 이제 다시 '수업은 예술이 될 수 있는가?'의 문제로 돌아가 보자.

'수업은 예술이 될 수 있는가?'라는 말을 단토의 예술의 정의를 이용하여 다르게 표현하면, '수업은 구현된 의미라고 볼 수 있는가?'가 될 것이다. 따라서 '의미'와 '구현'이라는 두 개의 키워드로 나누어 '수업은 예술이 될 수 있는가?'에 대해 이야기해 보도록 하겠다.

먼저 수업을 '의미(내용, 주제)'의 차원에서 살펴보도록 하자. 수업의 내용이라면 가장 먼저 생각나는 것이 '문단의 중심 내용 찾기', '글을 읽고, 주제 파악하기', '시를 읽고, 비유적인 표현 찾기' 등과 같은 학습 주제나 학습 목표이다. 그런데 이것은 외연적인 의미에 해당한다고 볼 수 있다. 이것은 주어와 술어로 표현되는 일차적인 의미로서 교실이라는 시공간에 은유적으로 표현되는 내포적인 의미는 아니다. 즉 수업이 학습 목표 성취라는 내용을 갖고 있다는 사실만으로는 수업이 예술이 될 수 있다고 판단하기에 무리가 있다. 그것은 다른 차시의 수업과 구분시켜 주는 외연적이고 일차적인 의미이지, 은유적으로 표현된 내포적이고 이차적인 의미가 아니기 때문이다.

따라서 오늘날 각 교실에서 이루어지는 일반적인 수업을 모두 예술 작품이라고 보는 것은 무리가 있다. 수업이 예술 작품이 되기 위해서는 수업의 의미가 내포적인, 즉 이차적 의미가 되어야 한다. 몇 가지 사례를 들어 수업의 내포적 의미에 대하여 살펴보도록 하자.

A교사는 '글을 읽고, 줄거리 간추리기' 수업을 하고 있다. 그는 글을 간추리는 기능을 학생들이 갖추어야 할 매우 중요한 읽기 기능이라고 생각하고 있다. 왜냐하면 글을 읽고 내용을 간추리는 능력은 일상생활을 하거나 직장 생활을 하거나 연구 활동을 할 때 매우 긴요하게 요구되는 능력이라고 생각하기 때문이다. 또한 A교사는 읽기 기능은 효율적이고 정확한 전략을 사용하여 반복해서 연습함으로써 숙달될 수 있다는 생각을 하고 있다. 그래서 직접 교수법을 사용하여 학생들이 줄거리 간추리기 기능을 숙달할 수 있도록 수업하였다. 따라서 A교사의 줄거리 간추리기 수업은 '읽기 기능의 반복 연습'에 관한 것이라고 할 수 있다. 이것은 이 수업의 내포적인 의미가 될 수 있다.

B교사도 '글을 읽고, 줄거리 간추리기' 수업을 하고 있다. B교사는 '절대적인 지식은 없다.'라는 인식론을 갖고 있다. 그래서 사회 구성주의 이론에 따른 토론의 과정을 매우 중요하게 생각하고 있다. B교사는 글의 줄거리 간추리는 방법을 절대적 지식으로 간주하여 설명하고 시범 보이기보다는 학생들이 모둠을 이루어 자신의 생각을 표현하고 비교하는 과정에서 자연스럽게 형성되기를 바란다. B교사는 '글을 읽고, 줄거리 간추리기' 수업을 통하여 상위의 역량인 협력하고 토론하는 의

사소통 역량을 길러주고자 한다. B교사의 수업의 내포적 의미는 '의사소통 역량'에 관한 것이다.

C교사도 '글을 읽고, 줄거리 간추리기' 수업을 하고 있다. C교사는 학생 중심 수업을 중요하게 생각하고 있다. 학생의 선택권과 주도권을 중요하게 생각한다. 학습의 결과가 교사가 생각하는 수준에 미치지 못하였더라도 학생들이 스스로 문제를 해결하는 능력을 중시하기 때문에 질책하기보다는 격려를 아끼지 않는다. 그래서 그는 줄거리를 간추릴 글을 다양하게 준비하여 학생이 스스로 선택할 수 있도록 하는 등 학생들의 활동을 돕기 위해 많은 노력을 한다. C교사의 수업의 내포적 의미는 '자기 주도적 학습 능력 신장'에 관한 것이라고 할 수 있다.

나는 A, B, C교사의 사례를 통하여 수업의 내포적 의미에 대하여 살펴보았다. 위의 사례에서 모든 수업의 일차적 의미는 '줄거리 간추리기'이고, 이차적 의미는 각각 '읽기 기능의 반복 연습', '의사소통 역량', '자기 주도적 학습 능력 신장'인 것으로 파악하였다.

그런데 '글을 읽고, 줄거리를 간추릴 수 있다.'라는 학습 목표가 이차적 의미, 즉 내포적 의미일 수 있다는 반론을 제기하는 경우도 생각해 볼 수 있다. 이런 사람들은 학습 문제가 수업의 일차적 의미이고, 학습 목표는 이차적 의미라고 주장할 것으로 예상된다. 사례에 따라서는 이 주장이 맞는 경우도 있다. '학교 안전사고 예방이라는 주제로 글을 써 봅시다.'가 학습 문제라면, 학습 목표는 '주장과 근거가 드러나는 글을 쓸 수 있다.'가 될 수 있다. 이 경우에 일차적 의미는 학습 문제, 이차적 의미는 학습 목표가 된다고 볼 수도 있을 것이다. 그러나 이 수업의 경우도 학습 목표를 일차적 의미로 보는 것이 타당하다. 왜냐하면 이 수업의 명칭을 말할 때, 즉 이 수업을 지칭하고자 할 때, 우리는 '주장과 근거가 드러나는 글쓰기' 수업이라고 말하지 '학교 안전사고 예방 글쓰기'라고 하지는 않는 것이 보편적이기 때문이다. 또한 교사는 수업 중에 주장과 근거가 드러나는 글을 써야 한다는 것을 수시로 말할 것이다. 학습 목표는 전혀 은유적이지도 내포적이지도 않다. 따라서 학습 목표를 수업의 이차적 의미로 보는 것은 맞지 않는다.

또한 학습 문제와 학습 목표가 진술 방식이 약간 다를 뿐 일치하는 수업이 많다. 이런 수업의 경우는 당연히 학습 목표가 일차적 의미 즉 외연적 의미이다. 일차적 의미와 이차적 의미의 구별을 더 확실히 하기 위하여 장미 그림을 예로 들어 설명해 보겠다. 미술관 벽에 장미가 그려진 그림 액자가 걸려 있다고 가정해 보자. 관람객들은 그림을 보면서 이 그림은 장미 그림이라고 말할 것이다. 즉 장미는 그림의 일차적 의미이고 그 그림을 지칭하는 외연적 의미가 된다. 내포적 의미는 장미가 아니다. 장미를 통해 표현하는 의미는 따로 있다. 그 그림의 이차적 의미는 '화려한 외출'일 수도 있고, '인생의 덧없음'일 수도 있다.

다시 '줄거리 간추리기' 수업으로 돌아가 보자. A, B, C교사는 '~에 관한 수업'을 한 것은 틀림없다. 즉 내포적 의미의 수업을 한 것이므로 예술 작품의 필요조건을 갖추었다고 볼 수 있다.

만약 D교사가 A교사의 수업을 참관한 뒤 A교사의 '글을 읽고, 줄거리 간추리기' 수업을 똑같이 구현했다면 D교사의 수업은 예술 작품의 필요조건인 '의미'를 갖추었다고 볼 수 있을까? D교사의 수업도 의미가 구현되어 있다고는 볼 수는 있으나 A교사의 수업과 반드시 같은 의미라고는 말할 수 없을 것이다. D교사의 수업은 A교사의 수업처럼 '읽기 기능의 반복 연습'에 관한 수업일 수도 있겠지만, 그와는 다른 의미의 수업일 가능성도 있기 때문이다.

A, B, C교사는 모두 '글을 읽고, 줄거리 간추리기'라는 똑같은 외연적 의미를 두고 수업했지만, 그들은 각기 다른 내포적 의미를 갖는 수업을 했다는 의미에서 각기 다른 예술 작품을 구현했다고 볼 수 있다.

이제까지의 논의를 바탕으로 수업의 외연적 의미와 내포적 의미는 다음과 같이 정리할 수 있다. 수업이 예술이 될 수 있으려면 외연적 의미뿐만 아니라, 다음과 같은 내포적 의미를 가져야 한다.

- 외연적 의미(1차적 의미) : 학습 목표
- 내포적 의미(2차적 의미) : 수업 목적(교육 관점) 등

(예: 학습 목표에 관한 수업 방법, 교육 과정이 추구하는 인간상에 관한 것, 핵심 역량에 관한 것, 초등학교 교육 목표에 관한 것, 교과 목표에 관한 것, 교육 이론에 관한 것 등)

수업 목적은 수업의 내포적 의미가 될 수 있다. 교사가 학습 목표 즉 글을 읽고 줄거리를 간추리기 수업에 담고자 하는 의미는 학습 목표보다는 더 고차원적이고 매크로적인 주제일 가능성이 크다. 우리는 그것

을 수업 목적이라고 부를 수 있다. 수업 목적에는 교육 과정이 추구하는 인간상에 관한 것, 핵심 역량에 관한 것, 초등학교 교육 목표에 관한 것, 교과 목표에 관한 것, 교육 이론에 관한 것 등이 있을 수 있다. 그리고 교육 목적은 학습 목표에 대한 교육 관점을 나타내기도 한다. 즉 교사가 '글을 읽고 줄거리 간추리기'를 교육하는 관점 즉 학습 목표에 관한 수업 관점이 반영되어 있다. 앞에서 살펴보았듯이 A교사는 객관주의적 교육 관점에서 '읽기 기능의 반복 연습'을, B교사는 사회적 구성주의 교육 관점에서 '의사소통 역량'을, C교사는 인간 중심 교육의 관점에서 '자기 주도적 학습 능력 신장'을 수업에 담아냈다. 물론 교사가 수업에 담을 수 있는 내포적 의미의 범위가 제한적인 것은 아니다. 우리가 잘 생각하지 못한 의미를 수업에 담아낼 수도 있다. 내가 말한 수업 목적(교육 관점)은 일반적인 수준에서 이야기한 것이다.

다음으로는 수업이 예술 작품이 될 수 있는 필요조건으로 '구현'에 대하여 살펴보자.

화가는 의미를 회화라는 매체의 특성에 맞게 지각적으로 드러나도록 구현한다. 음악가는 소리, 무용가는 제스처, 배우는 무대에서 연극이라는 매체의 특성에 맞게 지각적으로 의미를 구현한다. 교사가 예술가가 되려면 수업이라는 매체의 특성에 맞게 의미를 지각적으로 구현할 수 있어야 한다. 교사가 의미를 구현할 때는 교육 이론과 교육 철학, 교육계의 규약에 따르되, 교사 자신의 스타일과 표현성도 가져야 한다.

의미를 매체의 특성에 맞게 구현한다는 말은 교사가 논설문을 쓰듯이 직접적으로 주장하는 것이 아니라 의미가 수업이라는 형식에 은유적으로, 그리고 지각적으로 드러나게 해야 한다는 것이다. 앞에서 말한 A, B, C교사의 수업 사례를 통해 수업에서 의미의 구현에 대해 살펴보고자 한다.

A교사는 '글을 읽고, 줄거리 간추리기' 수업을 하고 있다. 그는 '읽기 기능의 반복 연습'에 관한 수업을 하고자 한다. 이것이 그가 생각하는 수업의 내포적 의미이자 교사가 의도한 수업 주제이고 내용이다. 이러한 내포적 의미를 구현하기 위하여 교육 이론 중에 '직접 교수법'을 활용하기로 하였다. 수업의 흐름을 '설명하기-시범 보이기-질문하기-활동하기' 순으로 하였고, 줄거리 간추리기 시범을 보이기 위하여 잘 정리된 PPT를 준비하였다. 학생들의 좌석은 교사의 설명과 시범을 잘 볼 수 있도록 교실의 전면 즉 칠판 쪽을 바라보도록 강의식 배치를 하였다. 교사는 학생들에게 교사의 설명과 시범을 방해하지 않도록 궁금한 것이 있더라도 즉각적으로 묻기보다는 질문하기 시간을 활용하도록 안내하였다. (생략)

B교사도 '글을 읽고, 줄거리 간추리기' 수업을 하고 있다. 그는 '의사소통 역량'에 관한 수업을 하고자 한다. B교사는 학생들에게 서로의 생각을 주고받을 수 있는 다양한 기회를 제공하고자 협력 학습을 강조하였다. 그래서 다양하고 풍부한 의견 교환을 위하여 2시간 연속 차시로 재구성하여 수업을 진행하였다.

'글을 읽고, 줄거리 간추리기'를 위하여 세 가지 세부 과제를 나누어 제시하고 각 세부 과제를 모둠원끼리 협력하여 해결하도록 하였다.

첫 번째 과제는 글을 부분으로 나누는 기준 정하기이다. 즉 시간의 흐름에 따라 내용을 간추릴 것인지, 장소의 변화에 따라 내용을 간추릴 것인지, 장면의 변화에 따라 내용을 간추릴 것인지, 인과 관계에 따라 내용을 간추릴 것인지 등. 교사는 이 글은 어떤 종류의 글이므로 어떤 방법으로 내용을 간추리는 것이 좋다는 것을 미리 설명하지 않고, 학생들이 선택한 방법으로 자유롭게 줄거리를 간추릴 수 있게 하였다.

두 번째 과제는 정한 기준을 적용하여 실제로 글을 나누어 보는 것이다. 학생들은 각자 자신의 생각대로 글을 나누어 본 후, 모둠원들에게 설명한다. 모둠원들의 생각이 다른 경우, 서로 설득하는 토의를 하는데 이는 만장일치가 될 때까지 계속된다. 만약 시간이 많이 흘러도 만장일치가 되지 않을 때는 교사에게 도움을 요청하도록 하였다.

세 번째 과제는 실제로 글의 각 부분의 내용을 간추리고, 간추린 내용을 연결하여 한 편의 글이 되게 하는데 자연스러운 연결을 위해 다듬는 활동도 하도록 하였다.

원활한 모둠 활동을 위하여 모둠원은 4명으로 구성하였고, 태블릿을 활용하여 친구들이 쓴 글을 쉽게 공유할 수 있도록 하였다.

C교사도 '글을 읽고, 줄거리 간추리기' 수업을 하고 있다. C교사는 자기 주도적 학습 능력 신장을 중요하게 생각하고 있었다. 이를 위하여 C교사는 우선적으로 학생의 선택권을 보장하고자 노력하였다. 글을 학생들이 선택하도록 하였다. 자신이 줄거리를 간추리고 싶은 글을 직접

가져오게 하고, 글을 가져오지 못한 학생을 위해 교사는 몇 가지 글을 준비하기도 했다.

본 학습을 하기 전에 학습 활동을 안내하여 학생들이 학습의 전 과정을 이해하고 스스로 과제별 학습 시간을 조절할 수 있도록 배려하였다.

교사는 학생이 스스로 줄거리 간추리기 전략을 선택한 다음, 자신의 방법으로 줄거리를 간추리고, 그것을 모둠과 전체 앞에서 발표하도록 하였다. 서로의 발표를 듣고 질의, 응답 시간을 가짐으로써 자신이 간추린 줄거리를 보완할 수 있도록 하였다.

A, B, C교사는 모두 '글을 읽고, 줄거리 간추리기' 수업을 실시하였으나 교수 방법, 교수 전략, 교수 기법 등이 달랐다. 우리가 수업이 서로 다르다는 것을 아는 것은 교사가 자신의 수업 방법 등을 말로 설명했기 때문이 아니라, 수업이라는 매체의 특성을 통하여 지각적으로 보았을 때 그 차이가 드러났기 때문이다.

A교사는 '읽기 기능의 반복 연습'이라는 목적을 위하여 직접 교수법이라는 교수 방법을 사용하였으며, 명확하고 간결하며 호소력 있는 목소리로 설명하였고, 질문하기 시간을 별도로 두어 설명과 시범에 방해되지 않도록 하는 교수 전략을 활용하였다. B교사는 '의사소통 역량'이라는 목적을 위하여 모둠 활동 위주의 교수 방법을 사용하였으며, 모둠원 간의 활발하고 충분한 협의를 위하여 만장일치라는 기법을 활용하였다. C교사도 '자기 주도적 학습 능력 신장'이라는 목적을 위하여 학생들의 선택권을 존중하였으며, 학습 활동 안내를 함으로써 한 시간

동안 자신의 학습 활동을 스스로 조절할 수 있도록 하였다.

이처럼 A, B, C교사가 수업의 내포적 의미, 교육 목적을 위해 활용한 교수 방법, 교수 전략, 교수 기법 등은 예술에서의 '구현'과 같은 의미로 볼 수 있다. 이때 교사가 활용한 교수 방법, 교수 전략, 교수 기법 등은 교육 이론, 교육 철학, 교육계의 규약 등에 관련된 것이어야 한다.

'구현'이 교육계의 이론과 철학, 지식, 관습에 의존한다는 것은 매우 중요하게 생각해야 할 사항이다. 왜냐하면 이것으로 인하여 참관자는 수업의 지각적인 면모들을 관찰하여 수업의 의미를 해석해 낼 수 있기 때문이다. 그런데도 참관자는 수업자가 의도한 의미를 잘 파악하지 못할 때도 있다. 그것은 '구현'의 또 다른 특성인 '표현성'과 '스타일' 때문이다.

단토는 신문 기사나 사설도 '의미'를 갖고 있으나 그것이 예술 작품이 아닌 이유는 '표현성과 스타일'이 결여되어 있기 때문이라고 하였다. 단토는 표현성에 대해서는 굿먼의 생각을 따랐는데, 굿먼은 표현을 '은유적 예증'이라고 하였다. 굿먼이 표현을 은유적 예증이라고 부른 까닭은 표현적인 예술 작품이 심적 속성이나 추상 개념을 매체적 특질로 전이시켜 간접적으로 보여주기 때문이다.[35] 또한 단토는 '스타일'을 그 사람이 세상을 보는 방식, 표상하는 방식이라고 했다. 수업에도 이러한 표현성과 스타일이 드러나야 한다.

지금까지 살펴본 바에 의하면 모든 수업이 반드시 예술이 되는 것은 아니다. 교사가 수업의 의미를 일차적인, 외연적인 의미만 부여하고 있다든지, 수업 방식에 있어서 자신만의 스타일이나 표현성을 갖지 못하였거나 이차적 의미를 표현하기 위한 적합한 형식을 갖추지 못하였다면 그 수업은 '의미를 구현'했다고 보기 어려우므로 예술이라고 할 수 없다.

그러나 교사의 수업이 의미를 구현한 것이라면 그 수업은 예술이 될 수 있는 조건을 갖추었다고 할 수 있다. 다시 말하면 ① 내용 즉 내포적인 의미가 있으며, ② 그 의미를 나타나게 하는 적합한 표현 양식, 즉 형식을 갖고 있고, ③ 그 형식은 교육 이론이나 교육 철학에 기초를 두고 있으며, 교사 개인의 표현성과 스타일이 반영된 것이라면 그 수업은 예술이라고 볼 수 있을 것이다. 즉 그 수업은 단토가 말한 예술의 필요조건인 '의미의 구현'이라는 조건을 갖추었다고 할 수 있다.

그런데 단토는 말기에 쓴 『무엇이 예술인가』라는 책에서 제임스 하비의 브릴로 상자도 예술임을 인정하였다. 그는 제임스 하비의 브릴로 상자는 상업 예술이고, 앤디 워홀의 브릴로 상자는 순수 예술로 구분하였다. 그리고 이 둘의 구별을 위해 한 가지 기준이 더 필요하다고 하였다. 그것은 '깨어 있는 꿈'이다.

'깨어 있는 꿈'을 상업 예술과 순수 예술을 구분하는 기준으로 삼았다. 따라서 순수 예술의 필요조건은 '의미의 구현'과 '깨어 있는 꿈'이다. 단토는 깨어 있는 꿈을 다음과 같이 설명한다. 꿈은 현실을 재현한다. 꿈은 눈에 보이는 속성들로 이루어져 있지만 실재하지 않는다.[36] 예술은 꿈과 같이 실재일 필요가 없으며, 실제일 가능성만 있으면 충분하다. 그리고 그는 꿈을 꾸려면 잠을 자야 하지만, 깨어 있는 꿈은 우리에게 깨어 있기를 요구한다고 하였다. 그래서 이 꿈은 공유할 수 있다는 점에서 잠이 들었을 때 꾸는 꿈보다 낫다고 했다. 단토는 상업 예술과 순수 예술의 차이를 '현실'과, '현실의 재현'의 차이에 둔 것 같다. 상업 예술은 실제를 중요하게 여기지만, 순수 예술은 실제가 아니라 실재를 재현한 것임을 말하자고 한 것 같다.

이러한 단토의 예술의 정의를 그림으로 나타내면 다음과 같다.

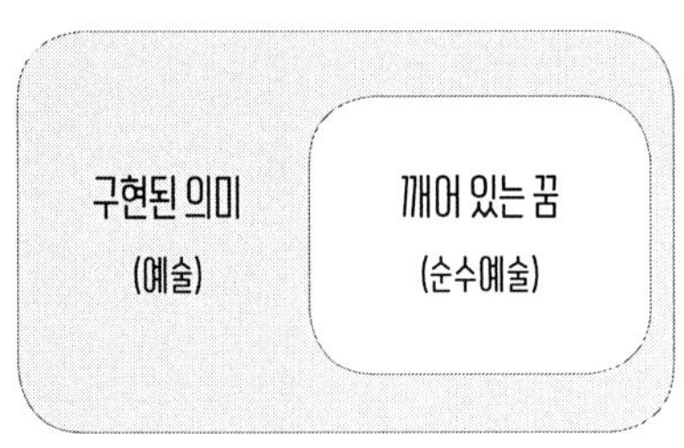

〈그림 1〉 단토의 예술 정의

〈그림 1〉은 '구현된 의미'는 예술이고, '구현된 의미 & 깨어 있는 꿈'은 순수 예술이며, '구현된 의미 & 현실'은 응용 예술이라는 것을 말해준다.

수업으로 다시 돌아가 보자. 우리는 앞에서 의미를 구현한 수업은 예술이 될 수 있는 조건을 갖추었음을 알아보았다. 그럼 수업은 응용 예술인가, 순수 예술인가? 다른 말로 표현하자면, 수업은 현실인가? 현실을 재현한 것인가?

이 질문에 답하기 위해서는 다시 단토의 생각을 엿볼 필요가 있다. 단토는 예술가는 목수와 달리 궤짝을 만드는 법을 알 필요가 없다고 했다. 예술은 단지 외양만을 취급한다고 했다. 이 말을 제임스 하비의 브릴로 상자와 앤디 워홀의 브릴로 상자를 예로 들어 설명하면 다음과 같다. 제임스 하비의 브릴로 상자는 실제로 수세미를 담을 수 있는 것이어야 하지만, 앤디 워홀의 브릴로 상자는 실제로 수세미를 담을 수 없어도 아무 상관이 없다는 것이다. 그냥 외양만 닮으면 되는 것이다.

그럼 교사는 실제로 아이들을 가르칠 필요가 없는가? 그냥 가르치는 흉내만 내면 되는가? 우리는 당연히 아니라는 것을 알고 있다. 수업은 현실의 재연이 아니라 현실이기 때문이다. 따라서 단토의 기준으로 볼 때 수업은 응용 예술에 해당한다.

이제 지금까지 논의한 '수업은 예술이 될 수 있는가?'에 대한 답을 정리해 보면, 모든 수업이 예술이라고 할 수는 없지만, '의미를 구현'한 수업은 예술이 될 수 있다고 말할 수 있다. 이때 수업은 순수 예술이 아니라 응용 예술이다. 이것을 도식화하면 〈그림 2〉와 같다.

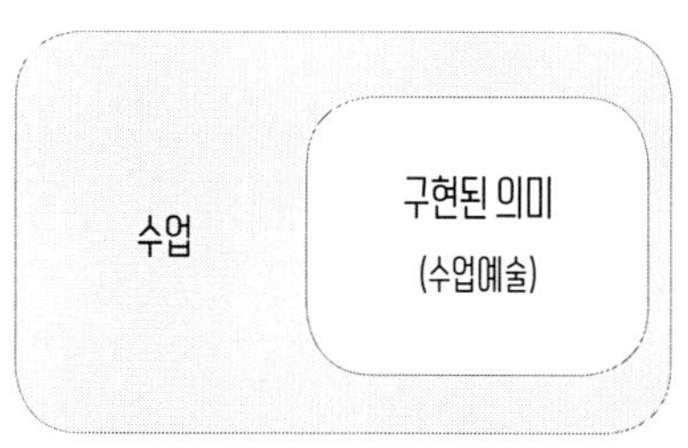

〈그림 2〉 수업예술과 수업의 관계

다시 말하지만, 수업이 예술이 되었다고 해서 교육계를 이탈하여 예술계로 들어가야 한다는 것이 절대 아니다. 제임스 하비의 브릴로 상자가 수세미를 담을 수 있어야 하듯이, 수업도 학생들의 학습 성취를 도울 수 있어야 한다는 것은 변함이 없다.

수업예술은 기존의 수업에서 '의미의 구현'이라는 것이 추가된 것이다. 그러나 수업예술은 이차적 의미만을 구현하는 것으로 오해해서는 안 된다. 즉 수업예술에서는 일차적 의미인 학습 목표도 구현하여야 한다. 일차적 의미인 학습 목표는 교육 과정이다. 일차적 의미가 '무엇'과 관련된다면 이차적 의미는 교육 목적 즉 '왜'와 관련된다. 따라서 수업예술은 기존의 수업에서 철학을 추가한 것이라고 볼 수도 있고, 교육 과정과 더불어 그 철학을 구현하는 수업을 말한다고 볼 수 있다. 또한 그 철학은 일반적인 철학이 아니라 교육 과정과 관련된 철학임은 말할 필요도 없다.

다시 말하지만, 수업예술은 기존의 수업에서 '의미의 구현'이라는 것이 추가된 것이다. 그러므로 이제까지 축적된 교육 이론, 교육 철학, 교육 방법 등을 버리고 예술 이론을 받아들이는 것이 아니다. 나중에 다시 이야기하겠지만, 예술가로서 교사는 새로운 교육 이론을 연수를 통해 습득한 후 그것을 의무적으로 수업에 적용하는 것이 아니라, 새로운 교육 이론을 자신의 것으로 흡수한 후에 그것이 교사가 의도한 의미 구현에 적합하다고 생각되면 그 이론을 수업에 적용하게 되는 것이다. 교육 이론을 수업에 적용하는 것은 교사의 자유이다.

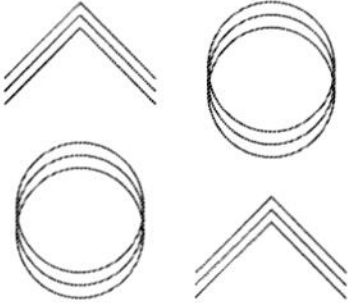

3.

교사는 어떻게 수업예술을 창작하는가?

이 장에서는 수업예술이 필요한 이유를 교사 측면에서 살펴보고자 한다. 이는 '교사는 왜 예술가가 되어야 하는가?'에 대한 이야기이기도 할 것이다. 그리고 교사는 예술가로서 어떻게 수업해야 하는지에 관해서도 이야기해 보겠다.

교사는 안녕한가?

많은 수업 관련 서적 집필자들이 그러하듯이 나 또한 오늘날 수업의 현주소를 살펴보고 그 문제점을 들추어낼 것이다. 이는 '왜 수업예술이어야 하는가?'라는 물음을 해결하는 데 도움이 될 것이다. 헤겔의 변증법적 역사관에 따르면 현재의 문제점을 들추어내는 것은 비판을 위한 비판이 아니라 발전적 모색을 위한 시작점이기 때문이다.

오늘날 교실 수업의 현주소를 정확하게 한두 마디로 말하는 것은 어렵다. 그것이 가능하다고 하더라도 보는 사람의 관점에 따라 다양하게 나타날 것이다. 나의 의견도 다양한 관점 중의 하나일 뿐이며, 독자에 따라서는 내 의견에 동의하지 않는 사람이 있을 수도 있을 것이다. 특히 독자들은 지금부터 내가 언급하는 것들이 과학적으로 연구된 결과라기보다는 다년간 학교에 근무하면서 체감한 것에 의존한다는 것을 염두에 두고 읽기를 바란다.

나는 오늘날 교실 수업 개선의 가장 큰 장애 요인은 '교사의 자존감 저하와 열정의 상실'이라고 생각한다. 교사의 자존감과 열정은 교실 수업 개선의 토대이다. 즉 교사는 자존감과 열정이 부족한 상태에서는 교실 수업을 개선하려는 의지를 갖기가 어렵고, 교사의 의지 없이 외부에서 주어지는 자극만으로는 교실 수업 개선이 어렵다고 본다.

난 '개는 사람이 길들이지 않았다. 친화력 높은 늑대들이 스스로 가축화한 것이다.[37]'라며 자기 가축화를 주장하는 브라이언 헤어, 버네사 우즈 공저 『다정한 것이 살아남는다』를 흥미롭게 읽은 적이 있다. 물론 저자는 친화력의 중요성에 대해 말하고 있었지만, 나는 '자기 가축화'라는 말이 인상 깊었다.

저자는 수천 년 전에 농경인이 새끼 늑대를 몇 마리 주워 집으로 데려갔고 길들인 새끼 늑대들을 수 세대에 걸쳐 번식시켜 더 길든 늑대를 얻음으로써 오늘날의 사랑스러운 개가 만들어졌다고 추정하는 것은 잘못된 것이라고 하였다. 수렵 채집인들이 버린 음식물 쓰레기와 오물을 먹기 위하여 인간 주변에서 살던 친화력 좋은 늑대들끼리 번식을 반복하면서 '자기 가축화'가 진행되었다는 것이다.

'자기 가축화'라는 말에서 오늘날 우리가 이 정도의 교실 수업 개선을 이루게 된 원인에 대한 한 가지 관점을 발견할 수 있었다. 그것은 교사의 외부에 기인한 것이 아니라 교사 내부에 기인한 것이라는 관점이다. 여기에서 교실 수업 개선은 외부의 관리와 연수에 의해서 이루어지기 이전에, 교사 스스로 개선하려는 의지가 선행되었기 때문이라는 시사점을 얻을 수 있다. 따라서 교사의 자존감이 무너지고 열정이 상실되는 것은 교실 수업 개선의 동력이 상실되는 것과 같은 것이다.

오늘날 교사들의 자존감의 저하되고 열정이 부족해진 이유가 무엇인지 살펴보자.

첫째, 사회 제도의 변화와 사회 분위기이다.

2008년에 학교폭력예방 및 대책에 관한 법률이 제정되면서 학교 폭력 관련 학생에 대한 교사의 교육적 행위가 학교 폭력 은폐로 오해받는 사례들이 생겨났고, 교사의 조그만 언행이 아동 학대로 신고되기도 하는 등 이러한 사회의 분위기로 인해 교사들의 교육 활동은 많이 위축되었다. 교사들은 의욕적으로 교육하다가 문제를 발생시키기보다는 문제의 소지가 있는 행위 자체를 하지 않으려는 보수적인 성향을 보일 때가 많다.

둘째, 학생 중심 수업의 강화로 인한 교사의 주도권 상실이다.

최근에 강조되고 있는 교육 이론으로는 학생 중심 교육 이론, 구성주의 이론 등이 대표적이다. 이 두 가지 교육 이론은 공통으로 교사의 역할을 보조자, 촉진자, 조언자로 보고 있다. 학생 중심 교육이란 학생이 스스로 학습할 것을 선택하고 계획하고 실행하는 것을 말하며, 구성주의 이론에서도 지식은 외부에서 학생들에게 전달되는 것이 아니라 학생이 스스로 구성한다고 보고 있다. 이러한 이론의 확산으로 인해 교사들은 수업의 주도권이 학생들에 있으며, 교사의 역할은 축소되었다고 느끼게 되었다. 이는 수업을 적극적이고 열성적으로 하려는 의욕을 감소시키는 계기가 되었다고도 볼 수 있다. 물론 교사들이 구성주의 이론이나 학생 중심 교육에 반감을 보이거나 반대하는 입장을 가진다고 보는 것은 아니다. 그런데도 이러한 교육 이론의 확산과 교사들의 수업 열정의 감소가 무관하지 않다는 것이 개인적인 생각이다.

셋째, 효율성을 강조한 연수와 성찰 중심의 교실 수업 개선의 부작용이다.

새로운 교육 방법이나 교육 이론이 나오면 교육부나 교육청에서 그것을 교육 현장에 적용할지를 결정하고 교사들을 모아서 연수시키는 것이 일반적이다. 즉 교육부나 교육청이 교육 이론을 선택하고 교사들에게 전달하며, 교사들은 그것을 수동적으로 받아들이는 체계의 연수를 시행하고 있다.

물론 시도교육청 교육연수원에서는 다양한 주제의 연수 과목을 개설하여 교사들이 선택적으로 연수를 받을 수 있도록 하고 있고, 교육부 인정 교육기관을 이용하여 연수받는 것도 권장하며 지원해 주고 있다. 자발적인 교사 연수와 교사의 선택권을 보장하기 위한 노력을 교육부나 교육청에서 기울이고 있는 것도 사실이다. 그러므로 난 교사 연수가 필요가 없으며, 효과가 없는 것이라는 것을 주장하는 것이 아니다. 주요 교육 정책의 연수와 교실 수업 개선을 위한 연수가 없었다면 지금과 같은 교육계의 변화를 이끌어 내는 것조차 불가능했을 수도 있을 것이라고 본다.

그런데도 이러한 연수 중심의 교실 수업 개선 노력은 교사들을 수동적인 피교육자로 만드는 부작용도 있었다고 생각한다. 교사를 수동적인 피교육자로 만드는 문화는 교사의 수업 열정을 식히는 원인의 하나로 지목하지 않을 수 없다.

성찰 중심의 교실 수업 개선도 마찬가지이다. 교사의 수업 개선을 위한 수업 코칭, 수업 성찰, 수업 나눔 등은 모두 수업 후에 교사의 성찰을 강조한다. 이러한 성찰 중심의 교실 수업 개선 노력은 수업이 기쁨을 주는 것이라기보다는 끝없이 성찰해야 할 고통스러운 것이라는 인식을 갖게 하였다. 물론 수업 성찰이 교실 수업 개선에 효과가 없는 것이라고 말하려는 것은 아니다. 헤겔의 발전적인 역사관에 의하면 역사는 '정반합'의 과정을 반복하면서 발전한다고 하였다. '정'을 성찰함으로써 '반'이 나타나고, '반'을 성찰함으로써 '합'으로 나아갈 수 있기에 수업 성찰이 가져오는 교실 수업 개선의 효과는 크다고 볼 수 있다.

그러나 성찰은 고통스러운 과정이다. 특히 자신의 공개 수업을 토대로 동료나 전문가와 함께 자신을 성찰해 나가는 '수업 나눔, 수업 코칭' 등은 고통스러우며, 교사 자신은 늘 부족한 교사라는 인식을 확인하는 과정이기도 하다. 이것은 교사들이 적극적으로 수업 성찰에 임하려는 태도를 갖기 어려운 이유이기도 하다. 따라서 이러한 성찰 중심의 교실 수업 개선 노력도 교사의 수업 열정을 감소시키는 요인이 될 수 있다고 생각한다.

넷째, 교사 평가를 위한 공개 수업의 관행이다.

난 앞 장에서 '공개 수업'이라는 제목으로 현행 수업 공개 방식의 문제점을 나열하였다. 그와 비슷한 내용인데, 요즘은 학부모 대상 공개 수업과 동료 교사 대상 공개 수업을 교원 능력 개발 평가와 연계하여 실시하는 학교가 많다. 그래서 교사들은 평가를 잘 받기 위해 또는 평가로 인한 불이익을 당하지 않기 위해 공개 수업을 준비하는 경향이 있다. 즉 교사는 평가에 초점을 두고 공개 수업을 하게 된다. 따라서 교사는 내재적 동기에 의해 공개 수업한다기보다는 외재적 동기에 의해 공개 수업을 한다고 보아야 할 것이다. 귀인 이론에 의하면 외적 보상을 받은 사람은 자신을 외부에서 통제한다고 생각하여 내재적 동기의 특성인 자기 결정감이 위축되고, 내적 동기가 상실되는 결과를 낳는다고 한다. 따라서 교사 평가를 위한 공개 수업 관행은 교사의 열정을 감소시키는 원인 중의 하나라고 볼 수 있다.

마지막으로, 교사의 번아웃이다.

오늘날 교사들이 번아웃 상태에 이르게 된 가장 큰 요인으로는 과도한 업무 스트레스와 학생, 학부모, 관리자, 동료 교원 등과의 인간관계에서 오는 스트레스를 꼽을 수 있다.

과거에도 과도한 업무에 대한 이야기는 늘 있었고, 업무 간소화를 위한 노력도 계속되고 있지만, 오늘날 사회가 복잡해지고 업무가 디테일해짐에 따라 업무의 양이 줄어들었다는 것을 체감하지 못하고 있다.

인간관계로 인한 스트레스도 매우 크다. 과거에는 교사-학생, 교사-학부모 간에는 교사가 '갑'이라는 인식도 있었으나, 최근에는 그러한 관계가 역전되어 스스로 자신을 '을'이 되었다고 생각하는 교사들이 많아지고 있다. 일부 교사들은 학생 또는 학부모들과 상호 작용하는 것에 불안과 공포를 느끼기도 한다.

이러한 업무와 인간관계에서 오는 스트레스는 교사를 번아웃 상태에 빠지게 하고, 번아웃 상태의 교사에게서 자존감과 열정 넘치는 모습을 찾는 것은 쉽지 않다고 보아야 한다.

지금까지 '교사는 안녕한가?'라는 제목으로 오늘날 교실 수업 개선을 어렵게 하는 요인으로 '교사의 자존감 저하와 열정의 상실'을 지목하고, 그 원인에 대하여 살펴보았다.

나는 이러한 문제점의 해결 방안을 이 책의 여러 부분으로 분산하여 다루려고 한다. 여기서는 먼저 네 가지 원인 중에 '학생 중심 수업의 강화로 인한 교사의 주도권 상실'을 중심으로 교사의 자존감과 수업 열정 회복 방안을 수업예술과 관련지어 이야기해 보고자 한다.

수업예술에서의 교사의 역할

수업에서의 교사의 역할을 이야기할 때 객관주의적 교육과 구성주의적 교육을 살펴보지 않을 수 없다. 이 두 이론에서 요구하는 교사의 역할은 큰 차이를 보이고 있기 때문이다. 나는 객관주의와 구성주의에서의 교사의 역할과의 비교를 통하여 수업예술에서의 교사의 역할을 정립해 보고자 한다.

'전통주의'라고도 일컬어지는 객관주의는 오랫동안 인식론과 교육 이론 속에서 확고한 위치를 구축해 왔다. 객관주의는 스키너와 손다이크의 행동주의 이론에서 시작하여 타일러와 브루너의 교육과정 이론 등 그 이론적 뿌리가 교육의 이론 속에 깊게 자리 잡고 있음을 간과할 수 없다.[38] 객관주의에서는 지식을 개인의 경험과는 무관하게 객관적으로 존재하는 고정적이고 불변하는 것으로 본다. 그러므로 객관주의에서 말하는 지식은 인식의 주체와 독립되어 외부에 존재하며 외부의 지식을 발견 또는 수용하여 체계적으로 구조화된다. 그리고 개인은 반복적인 암기를 통해 기억으로 저장한다.[39] 이러한 지식은 전문가 즉 교사에 의하여 학생에게 전달된다. 따라서 학생들은 지식의 수동적 수용자이며, 교사는 지식의 전달자의 지위를 갖는다. 따라서 객관주의 교육 이론에서는 교사 중심의 수업이 될 수밖에 없다.

객관주의적 교육에 대해 적극적인 반발의 움직임으로 나타난 것 중의 하나가 구성주의이다. 구성주의에서는 지식을 학습자 외부에 존재하는 불변하고 객관적이며 절대적인 것이 아니라, 학습자들이 경험에 의하여 구성과 재구성해 나가는 가변적이고 상대적인 것이라고 보는 입장을 취한다. 따라서 지식은 일방적으로 외부에서 학생들 내부로 '전수'되거나 '주입'될 수 없다고 본다. 구성주의는 지식의 구성과 습득을 개인의 인지적인 작용이라는 측면과 사회관계 속에서의 상호 작용이라는 측면 중 어느 것에 비중을 두느냐에 따라 인지적 구성주의와 사회적 구성주의로 나누어진다.

인지적 구성주의에서는 지식 형성 과정을 개인 내의 인지적 구성 과정으로 보고 주관적 경험을 그 기반으로 하고 있다. 지식이 학습자 개개인의 내부에서 구성되므로 그 지식은 보편적이지 않고 상대적일 수밖에 없다. 이러한 지식의 보편성 결여를 보완하기 위해 학습자들은 다른 사람들과 상호 작용함으로써 자신이 구성한 지식을 검증하는 과정을 거친다. 따라서 인지적 구성주의의 수업은 학습자 중심이 될 수밖에 없다.

인지적 구성주의에서는 지식이 개인 내의 인지적 활동으로 구성된 후 사회적 상호 작용으로 검증하는 과정으로 진행되는 반면에, 사회적 구성주의에서는 일차적으로 개인 간에 즉 사회적으로 지식이 구성되고 그것이 이차적으로 개인 내에서 내면화되는 것으로 보고 있다. 그렇지만 사회적 구성주의의 수업에서 사회적 상호 작용 중심으로 지식이 구성된다고 하더라도 그것을 내면화하는 개인 내의 활동이 여전히 중요하므로 학습자 중심이라고 할 수 있다.

교사가 수업의 중심이 되는 객관주의에서의 교사의 역할은 전달자, 지시자, 재촉자 등이다. 반면에 학습자가 중심이 되는 구성주의 수업에서의 교사의 역할은 안내자, 조력자 등이다. 오늘날 교육은 구성주의 교육이 대세이며, 행동주의 교육의 실천을 표방하는 교사는 시대에 뒤떨어지는 교사, 혁신의 대상이 되는 교사로 인식되는 것이 보편적이다.

수업에서의 교사의 역할이 '지시자, 전달자'에서 '안내자, 조력자'로 바뀌었다는 것과 수업이 교사 중심에서 학생 중심으로 바뀌었다는 것은 교사의 권위와 주도권이 예전과 같지 않다는 것을 말한다고 볼 수 있을 것이다. 그러나 이 의견에는 반론이 있을 것으로 예상한다. 이것은 구성주의를 제대로 이해하지 못한 무지의 탓이요, 오히려 교사의 역할은 과거보다 더 중요해졌다고 말이다. 그렇다고 하더라도 '학생 중심 수업'이 진리처럼 받아들이는 오늘날, '나는 아직도 교사 중심의 객관주의적 수업을 하는 것 같아서 내 수업을 공개하기가 두려워질 때가 많아.'라고 생각하는 교사들이 양산되고 있는 것도 사실이라고 생각한다. 그래서 나는 구성주의적 교육이 수업의 중심을 교사에서 학생으로 옮김으로써 수업에 대한 교사의 주도권을 약화시키고, 교사의 수업에 대한 열정을 감소시키는 데 역할을 했다고 생각한다. 구성주의 이론이 원래 그것을 의도하지 않았다고 하더라도 말이다.

나는 수업예술이 수업에서의 추락한 교사의 주도권과 열정을 고양할 수 있다고 본다. 그렇다고 수업예술이 구성주의적 수업의 대안으로 제시하고자 하는 것은 절대 아니다. 나의 단상이 거대 담론인 구성주의를 대체할 수 있다고 생각하지도 않고, 나에게 그럴 능력이 없다는 것도 잘 알고 있다. 그런데도 내가 수업예술이 교사의 수업에 대한 주도권과 열정을 가져올 수 있다고 자신하는 것은 〈그림 3〉과 〈그림 4〉에서 보는 바와 같은 차이 때문이다.

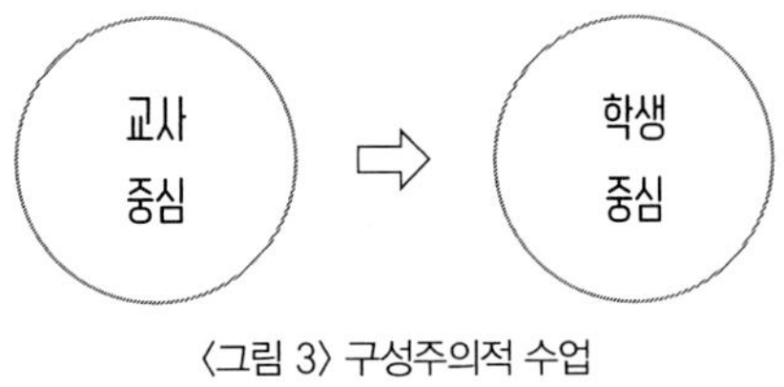

〈그림 3〉 구성주의적 수업

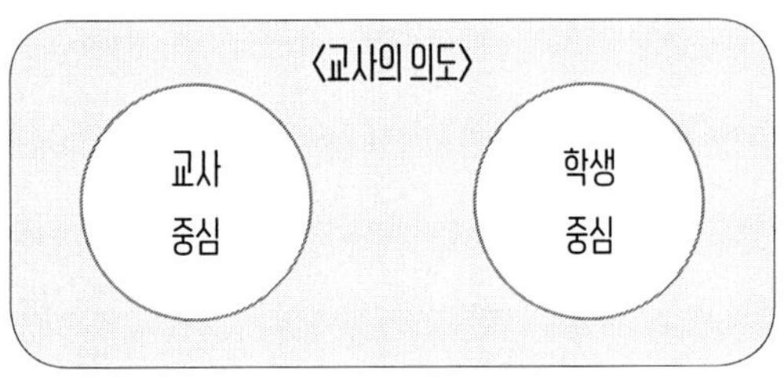

〈그림 4〉 수업예술에서의 수업

〈그림 3〉에서 보는 바와 같이 구성주의적 수업에서는 교사 중심 수업에서 학생 중심 수업으로 개선할 것을 요구한다. 화살표의 왼편에

머무는 교사 중심 수업을 하는 교사는 혁신의 대상이 되고 바람직하지 않은 수업을 하는 교사로 생각하도록 만들고 있다.

반면에 〈그림 4〉에서 보는 바와 같이 수업예술에서는 교사 중심에서 학생 중심으로 나아갈 것을 지시하는 화살표가 없어지고 대신에 교사 중심과 학생 중심을 모두 포함하는 〈교사의 의도〉라는 상자가 생겼다. 교사는 자신의 의도에 따라서 교사 중심 수업도 가능하고, 학생 중심 수업도 가능하다. 교사가 수업하고자 하는 것이 구성적 지식이라기보다는 객관적 지식에 가깝다고 생각하고, 모든 학생이 반드시 알아야 한다는 의도를 가졌다면 교사 중심 수업을 할 수도 있는 것이다. 또한 교사가 학생 중심 수업을 한다면 그것은 학생 중심 수업이 진리이기 때문이 아니라, 교사가 자신의 의지로 그것을 선택하였기 때문이다. 즉 수업예술에서의 교사는 일종의 함수이다. 인풋과 아웃풋이 있는, 교사에게 인풋된 것은 하나의 자료일 뿐이며, 아웃풋된 것은 교사라는 함수를 거쳐서 나온 것이 된다.

수업예술에서의 수업이 학생 중심으로 이루어진다고 하더라도 그것은 교사의 의도로 이루어진 학생 중심이므로 여전히 수업은 교사의 주도하에 있다고 볼 수 있다. 또한 수업예술에서는 하나의 교육 이론이 절대적으로 옳은 것이기 때문이 아니라, 교사의 의도에 의해 그 교육 이론을 선택하여 수업하기 때문에 수업의 다양성이 존중되며, 수업예술에서의 교사는 수업 형식이나 수업 방법의 선택에 있어서 자유롭다. 수업의 다양성과 자유가 보장되는 수업예술에서 교사는 수업의 즐거움을 찾을 수 있고 수업에 대한 열정도 넘치게 될 것이다.

나는 수업예술에서는 교사를 '수업 디자이너' 또는 '수업예술가'라고 말할 수도 있다고 본다. 수업은 수업예술이 되고, 교사는 수업예술가(수업 디자이너)가 되며, 교사의 교수 행위는 창작이고, 학생은 수업 형식의 일부이다. 수업의 공개는 작품 발표에 해당하며, 참관자는 관람자에 해당한다.

교사를 수업예술가 특히 수업 디자이너라고 한 것은 수업을 응용 예술로 보기 때문이다. 수업예술은 학습 목표 성취라는 일차적인 의미와 함께 이차적인 의미를 구현한 것이므로 응용 예술이라고 앞에서 살펴본 바가 있다. 다시 말하면 수업은 순수 예술이 아니라 응용 예술이므로 예술가 중에서도 '디자이너'로 보는 것이 타당하다.

수업 디자이너로서 교사는 수업의 의미와 형식을 모두 디자인할 수 있을 뿐만 아니라, 자신의 역할까지 디자인할 수 있다. 수업 디자이너로서의 교사는 구성주의적 수업에서 요구되는 안내자, 조력자의 역할을 자신의 역할로 디자인할 수도 있고, 필요에 따라서 지시자, 전달자의 역할로 디자인할 수도 있다.

교사는 어떻게 의미를 구현하는가?

난 앞장에서 수업예술은 '의미를 구현한 수업'이라고 하였다. 이러한 수업예술에 대한 정의는 기존의 '수업'에 대한 국내외 석학들의 정의에 이의를 제기하거나 수정하려는 것이 아니다. 내가 말하는 수업도 모든 사람이 생각하는 수업과 다를 바가 없다. 다만, 일반적인 수업 중에 '의미를 구현한 수업'을 수업예술이라고 칭한 것뿐이다.

지금부터 쓰고자 하는 내용은 앞에서 다룬 내용과 다소 중복되는 것이 있을 것이다. 그러나 여기서는 수업을 창작하는 교사 입장에서 진술함으로써 교사가 수업에서 의미를 구현하는 데 도움을 주고자 한다.

수업예술을 실천하고자 하는 교사는 최소한 '의미'와 '구현'에 대하여 생각할 수 있어야 한다. 그리고 당연히 '수업'에 대하여 생각해야 한다. 당연한 이야기이지만 수업예술도 수업이므로 그것이 연극이 되거나, 다큐멘터리가 되어서는 안 된다. 과거에는 수업 공개에 대한 과도한 부담으로 발표 순서까지 학생들과 함께 계획을 세워 놓고 수업하는 사례도 간혹 있었다. 이러한 '짜고 치는 수업'은 연극에 가깝다. 그래서 엄격한 의미에서는 수업이라고 보기가 어렵다. 당연히 수업예술도 이러한 연극에 가까운 수업이 되어서는 안 될 것이다.

교사는 학생들이 학습 목표를 성취할 수 있도록 하는 의도를 갖고 교수 활동을 해야 한다. 나는 단위 시간의 학습 내용 또는 학습 목표를 일차적 의미 또는 외연적 의미라고 불렀다. 왜냐하면 단위 시간의 학습 목표는 '글을 읽고, 비유적인 표현을 찾을 수 있다.', '글을 읽고, 내용을 요약할 수 있다.', '글을 읽고, 생각과 느낌을 말할 수 있다.' 등과 같이 은유적이지 않고, 다른 수업과 구별하는 지칭적 기능이 있기 때문이다. 교사는 일차적 의미 즉 외연적 의미인 수업 목표 또는 학습 목표를 달성할 수 있도록 해야 하는 것은 당연하다. 즉 수업예술이라고 해서 일차적 의미인 학습 목표를 도외시해도 된다는 뜻은 아니다. 그러나 일반적인 수업이 수업예술로 되기 위해서는 또 다른 차원의 의미, 즉 이차적 의미 또는 내포적 의미를 가져야 한다. 수업의 일차적 의미인 학습 목표를 구현하는 것은 일반 교육학에서 많이 다루고 있으므로, 여기서는 수업의 이차적 의미 위주로 살펴보도록 하겠다.

수업예술을 준비하는 교사는 이차적 의미 즉 내포적 의미를 가져야 한다. 이를 위해서 교사는 다음과 같은 질문을 스스로 해 보는 것이 도움이 된다.

- 수업에서 말하고 싶은 것은 무엇인가?
- 수업의 목적은 무엇인가?

- 학습 목표를 어떤 관점에서 가르치고자 하는가?
- 수업을 통해 학생들에게 길러주고 싶은 역량은 무엇인가?
- 나는 참관자들이 수업을 통해 무엇을 느끼기를 바라는가?

수업의 일차적 의미는 교사가 학생들에게 전달하거나 학생 스스로 주도적으로 습득해야 할 의미이다. 따라서 수업의 일차적 의미는 직접적이고, 이해하기 쉽게 진술된다. 그에 비하여 수업의 이차적 의미는 학생이 아니라 수업의 참관자가 파악하거나 느끼기를 바라는 의미이다. 수업의 이차적 의미는 직접적으로 주어지지 않는다. 즉 교사가 말이나 문장으로 이 의미를 직접적으로 진술하지 않는다. 교사는 이차적 의미를 수업이라는 형식을 통해 은유적으로 구현할 뿐이다. 따라서 참관자는 수업을 참관하면서 해석을 해야 이 의미를 파악할 수 있다.

교사가 자신의 수업에 부여할 수 있는 의미는 매우 다양하다. 교사는 자신의 수업을 참관하는 사람들에게 수업을 통해 말하고 싶은 것은 무엇이든지 가능하지만, 그렇다고 제한이 없는 것은 아니다. 수업예술에서의 '의미'는 개인적인 가치를 지닌 동시에 공적인 가치를 지녀야 하며, 특수적인 동시에 보편적이어야 한다. 왜냐하면 수업에 예술의 지위를 부여하는, 즉 수업에 의미를 부여하는 사람은 교사 개인이지만, 수업은 교육 과정에 따라야 하기 때문이다. 그러므로 교육 과정 상으로 그리고 사회적으로 인정되기 어려운 개인적인 가치가 수업의 의미가 되어서는 안 된다.

교사는 수업에 어떤 의미를 부여할지 정할 때 가장 먼저 생각해 볼 수 있는 것이 교육 과정에 제시된 것들이다. 예를 들면 교육 과정이 추구하는 인간상에 관한 것, 핵심 역량에 관한 것, 초등학교 교육 목표에 관한 것, 교과 목표에 관한 것 등이다. 교사는 도형의 면적을 구하는 수업을 의사소통 역량에 관한 수업으로 만들 수도 있고, 문제 해결 역량에 관한 수업으로 만들 수도 있으며, 고등 사고력 신장에 관한 수업으로 만들 수도 있다.

교사는 '학습 목표에 관한 것'을 자신의 수업의 의미로 정할 수도 있다. 즉 도형의 면적을 구하는 수업에서 '도형의 면적 구하는 수업 방법에 관한 것'을 의미로 삼을 수 있다. 이때 도형의 면적을 구하는 것은 학생들에게 주어지는 수업의 일차적인 의미이고, 도형의 면적을 구하는 수업 방법은 참관자에게 주어지는 수업의 이차적인 의미가 된다.

교사는 교육 이론이나 교육 철학, 교육 방법 등을 수업의 의미로 삼을 수도 있고, 교사가 정한 수업 의미를 구현하는 형식으로도 사용할 수 있다. 즉 교육 이론, 교육 철학, 교육 방법 등은 교사에 따라서 수업의 내용(의미)으로도 사용될 수도 있고, 수업의 형식(구현)으로 사용될 수 있다. 예를 들어 교사는 사회적 구성주의에 관한 수업을 할 수도 있으며, 의사소통 역량에 관한 수업을 하면서 그 형식으로써 사회적 구성주의적 교육 방법을 사용할 수도 있다.

교사가 수업의 의미를 정하였으면, 그것을 수업이라는 매체의 특질에 맞게 구현해야 하는데, 그 구현 방식은 매우 다양하고 광범위하다. 즉 의미의 구현 방식은 이제까지 교육계가 축적한 다양한 수업 이론에 따라야 한다.

그러나 수업예술로서의 수업과 일반적인 수업은 수업이라는 공통점이 있지만, 차이점이 엄연히 존재하므로 예술가로서의 교사가 수업할 때의 마음가짐도 일반 수업과는 다른 점이 있어야 할 것이다. 그 마음가짐은 '자유'와 관계가 있다. 교사는 수업 창작의 자유를 마음껏 누릴 수 있어야 한다. 교사가 창작의 자유를 누릴 수 있어야만 수업이 즐거워지고 창작의 의욕과 성취감도 커지기 때문이다. 그러기 위해서는 우리가 당연하게 받아들였던 고정관념을 다시 검토해 보려는 오픈 마인드가 필요하다. 예술가로서의 교사가 수업할 때 가져야 할 마음가짐은 이러한 오픈 마인드를 가져야 받아들여질 수 있는 것들이 많다.

오픈 마인드, 독자들의 '마음 열기'를 한다는 측면에서 영화 〈웰컴 투 동막골〉의 코믹한 장면 하나를 소개하고자 한다.

동막골에서 아이들을 가르치는 김 선생이 계속되는 수송기 추락을 조사하기 위해 정찰 비행을 나섰다가 추락하여 동막골에 온 미 해군 비행 장교 닐 스미스와 영어로 대화하는 장면이다. 김 선생은 낡은 영어 회화책을 손에 들고 부락 사람들이 지켜보는 가운데 다리가 부러져 부목을 하고 누워 있는 스미스와 영어로 대화를 시도하고 있다. 그는 "How are you?" 하며 영어 회화책에 나와 있는 대로 스미스에게 묻는다. 이에 스미스는 "How do you think of me? Look at me! I'm tied up sticks…." 하며 어이없다는 듯이 말한다. 그러나 김 선생은 그의 말을 알아듣지 못하고 계속해서 "How are you?"만을 반복한다. 이에 촌장이 김 선생에게 걱정스러운 듯이 묻는다.

촌장 뭐가 잘 안돼?

김 선생 (손에 든 영어 회화책을 촌장에게 내밀며) 좀 이상한데…… . 여기 좀 보시면 아시겠지만, 이렇게 나와 있듯이 말입니다.

촌장 나도 잘 모르지 뭐.

김 선생 아무튼 제가 'How are you?' 하면 저쪽에서 보통 'Fine, and you?' 해야 미국인이 하는 대답인데, 이렇게 나와야 제가 인제 'I'm fine.'이래야 하는데. 제는 뭔가 좀….

김 선생 역을 맡은 조덕현의 사뭇 진지한 표정이 더 코믹하게 느껴지는 장면이다. 그런데 이러한 코믹한 장면이 거의 모든 공개 수업마다 나타나고 있다면 믿겠는가? 이번엔 〈웰컴 투 동막골〉의 코믹 장면을 연상케 하는 수업의 한 장면을 소개하고자 한다.

A교사는 칠판 중앙 상단에 학습 문제 '여러 가지 ( )을 만들고 그려봅시다.'를 써 놓고 학생들에게 물었다.

A교사 이번 시간에 무엇을 공부하면 좋을지 생각하며 괄호 안에 들어갈 말을 발표해 봅시다.

이창호 상자일 것 같습니다.

김동수 저요. 각입니다.

김효은 삼각형일 것 같습니다.

A교사 네. 삼각형은 맞는데 어떤 삼각형일까요?

정다솔 큰 삼각형입니다.

박이슬 정삼각형입니다.

A교사 '직'으로 시작하는 말을 생각해 보세요.

박지수 아, 직각삼각형일 것 같습니다.

A교사 네. 그렇지요. (괄호 안에 직각삼각형을 쓰며) 이번 시간에는 여러 가지 직각삼각형을 만들고 그려 보는 시간을 갖도록 하겠어요. 자, 다 함께 읽어 봅시다.

이러한 장면은 공개 수업에서 자주 볼 수 있는 장면이다. 이 장면은 〈웰컴 투 동막골〉에서 김 선생과 닐 스미스의 대화 장면과 겹친다. 영화 속 김 선생이 스미스의 상태와는 상관없이 "Fine, and you?"라는 말이 나오기만을 기다렸듯이, A교사는 아이들의 흥미와는 상관없이 '직각삼각형'이라는 말이 나오기만을 기다린 것이다. 왜 교사는 괄호 안에 들어갈 말을 학생들에게 알아맞히게 하는 것일까? 이 질문에는 두 가지 대답이 예상된다. 하나는 학생 중심 교육을 하기 위함이고, 다른 하나는 학습 문제를 흥미롭게 제시하기 위함일 것이다.

그럼 먼저 이것이 학생 중심 교육을 위한 것이라는 대답을 검토해 보자. 학생 중심 교육을 하려면 교사가 일방적으로 가르쳐서는 안 되고 학생들이 스스로 학습 내용을 선정하고 계획할 수 있도록 해야 한다는 것이다. 그러므로 학습 문제를 교사가 직접 제시하는 것은 학생 중심 교육의 측면에서 보면 금기시되는 것이다. 그런데 교사 입장에서는 엄연히 교육 과정이 있는 상황에서 학생들이 원한다고 그것을 무조건 수업할 수는 없다 보니, 형식적으로만 묻는 시늉을 할 수밖에 없어서 괄호 안에 낱말 맞히기를 하고 있다고 보아야 한다. 그러나 학생 중심 교육은 능동적인 학습자를 만들기 위한 교육인데 교사가 원하는 답을 알아맞히는 이러한 활동이 능동적인 학습자 양성에 부합하는 활동인지는 의문이 든다. 따라서 학생 중심 교육을 위하여 학습 문제 알아맞히기 활동을 한다는 것은 맞지 않는 대답이다.

또 하나의 예상 대답으로 학습 문제를 흥미롭게 제시하기 위하여 괄호 안의 낱말 알아맞히기를 한다는 것에 대해 검토해 보겠다. 학습 문제를 퀴즈 형식으로 제시하는 것은 그냥 제시하는 것보다는 학생들에게 흥미로운 제시 방법이 될 수 있을 것이다. 그러나 단순히 학생의 흥미를 위한 것이라면 반드시 괄호 안의 낱말 알아맞히기만을 해야 할 필요는 없다. 다양한 다른 방법으로 학습 문제를 흥미롭게 제시할 수 있을 것이다. 공개 수업마다 천편일률적으로 학습 문제를 괄호 안의 낱말 알아맞히기 형식으로 제시하는 현실태를 설명하기에는 이 대답도 부족해 보인다.

지금까지 검토해 본 결과 우리가 수업에서 학습 문제를 제시할 때 하나의 규약처럼 느껴졌던 괄호 안의 낱말 알아맞히기 형식은 고정관념에 불과하다는 것을 알게 되었다. 이처럼 수업과 관련된 다양한 고정관념에서 벗어나 오픈 마인드를 갖고 예술가로서의 교사의 마음가짐에 대한 다음 글을 읽어 보기를 권한다. 나는 한상연의 『우리는 모두 예술가다』라는 책과 랭거의 『예술가가 되려면』이란 책을 참고하고, 우리의 교육 현실을 감안하여 예술가로서의 교사가 수업할 때 가져야 할 마음가짐을 몇 가지 제안하고자 한다.

첫째, 수업예술을 창작하는 교사는 정해진 틀에 얽매이지 않아야 한다.

엘렌 랭거는 정해진 틀에 얽매이지 않는 것을 유연한 마인드라고 했다. 그는 『예술가가 되려면』이라는 책에서 예술가는 기계적인 마인드에서 벗어나 유연한 마인드를 가져야 한다고 했다. 교사가 수업할 때 유연한 마인드를 가져야 하는 까닭은 수업에서 다루는 것은 고정되고 불변하는 사물이 아니라 변화무쌍한 학생들이기 때문이다. 학생은 교사가 예상한 대로 움직이지 않는 경우가 많다. 그런데도 교사는 규칙만을 고집하여 학생들을 기계적으로 원하는 방향으로 이끌고 가려고 하면 많은 문제가 발생할 것이다.

아이즈너는 예술가란 목표를 달성할 때까지는 그들이 목표로 하는 것이 무엇인지도 모르고 술래잡기를 하는 사람들이라는 존슨의 말을 인용하면서 '가르치는 일에도 많은 목표의 달성이 미리 설정해 놓은 어떤 목표를 달성하는 것이 아니라 학생과 교사의 만남 속에서 자연히 이루어지는 것[40]'이라고 하였다. 아이즈너는 수업 목표를 미리 설정하는 것이 안 된다는 것을 말한 것이 아니라, 수업의 도중에 목표가 변경되거나 수정될 수 있다는 것을 말하고 있다. 이것이 교사가 수업에 있어서 유연한 마인드를 가져야 하는 이유 중의 하나이다.

예술 작품의 창작에서는 규칙, 틀, 형식을 배우되, 그것을 충분히 이해하고 익힌 다음에는 그것을 넘어설 수 있어야 한다. 그것을 넘어선다는 것은 비규칙, 비형식을 의미하는 것이 아니라, 탈규칙, 탈형식을 의미한다. 규칙이 없거나 형식이 없는 무질서한 예술 작품은 수준이 낮은 저급한 예술이라고 볼 수 있다. 그러나 탈규칙, 탈형식화된 예술 작품은 규칙의 제약을 초월하여 형식이 주는 답답함을 극복한 수준 높은 예술로 볼 수 있다. 예술의 발전은 이러한 탈형식에 의해 이루어졌다고 해도 과언이 아니다. 그림에 왜 붓 자국을 없애야 하는가? 왜 붓으로만 그려야 하는가? 왜 평면을 입체처럼 보이게 해야 하는가? 등과 같은 의문을 제기함으로써 예술은 기존의 규칙과 형식에서 벗어날 수 있었으며, 이에 따라 예술은 발전해 왔다.

수업도 마찬가지이다. 수업도 알게 모르게 형식화되고, 규칙화된 것이 너무나 많다. 과거에는 이러한 규칙을 지키지 않는 교사는 장학지도 시간에 호된 질책을 받아야 했다. 칠판에 학습 문제를 쓰는 것은 그 예 중의 하나이다. 과거에는 수업할 때 반드시 칠판 중앙에 학습 문제를 쓰도록 하였다. 나는 이제까지 많은 공개 수업을 봐왔지만, 칠판에 학습 문제를 쓰거나 붙이지 않은 교사는 단 한 명도 볼 수 없었다. 나도 마찬가지였다. 교사 시절에 한 많은 공개 수업에서 반드시 학습 문제를 칠판에 썼다. 그런데 학습 문제를 수업 도중에 칠판에 쓰는 것이 상당한 부담이 될 때가 많았다. 공개 수업을 할 때 칠판에 학습 문제를 쓰는 몇 초의 시간이 매우 길게 느껴지곤 하였다. 생각해 보면 학습 문제를 학생들에게 확인시키는 것이 필요하다고 하더라도 그것을 반드시 칠판에 써야 하는 이유를 찾기는 힘들다. 그냥 관행이 절대로 어겨서는 안 될 규칙이 되어 버렸다고 생각한다.

교사가 정해진 틀을 벗어나고자 할 때, 즉 유연한 마인드를 가질 때 학생들의 진정한 모습을 만날 수 있고, 상황을 고려한 수업을 할 수 있으며, 다양한 관점을 수용할 수도 있을 것이다. 또한 교사가 유연한 마인드를 가짐으로써 교사는 더 창의적으로 교육할 수 있고, 교육은 더 발전할 수 있을 것이다.

학생 입장에서도 정해진 틀에서 벗어난 수업이 더 흥미로울 수 있다. 수업이 기역에서 시작하여 히읗으로 끝나는 전화번호부나 사전과 같다는 생각만 해도 끔찍하다. 전화번호부나 사전을 처음부터 끝까지 다 읽는다고 생각해 보라. 그것이 아무리 우리 생활에 도움이 된다고 하더라도 상상하기도 싫은 일이다. 수업이 사전과 같이 한 치 어긋남을 허용하지 않는 형식을 지녔다는 것은 과장된 표현이기는 하지만, 수업이 기역에서 시작하여 시옷을 거쳐 히읗으로 끝날 필요가 없다는 것은 분명하다.

둘째, 수업예술을 창작하는 교사는 좋은 수업에 대한 기준으로부터 자유로워야 한다.

오늘날은 좋은 수업, 추천적 수업에 대한 기준이 획일화되고 있으며, 교실 수업 개선 또는 혁신이라는 이름으로 그러한 기준을 강요당하고 있다. 수업예술을 창작하려는 교사에게는 통제와 평가, 획일화된 기준보다는 자율이 보장되어야 하고, 좋은 수업에 대한 객관적인 기준이 있는 것이 아니라, 교사 본인이 구현하고자 하는 의미에 적합한 형식을 갖춘 수업이 좋은 수업이라는 생각을 가져야 한다. 좋은 수업에 대한 기준을 초월할 수 있다는 것은 수업에서의 진정한 자유를 얻었다는 것을 뜻한다. 이러한 자유가 주어졌을 때 교사는 수업에서 즐거움을 얻을 수 있다.

이는 단토가 말한 컨템퍼러리 네러티브 시대에서 예술가들이 얻게 되는 자유와 비슷하다. 여기에서 단토의 예술사에 대해 간략하게 다시 살펴보고자 한다.

단토는 예술사를 예술 이전의 시대, 예술의 시대, 역사 이후의 시대로 구분한다. 예술 이전의 시대는 예술이라는 말이 생기기 이전 즉 르네상스 이전의 시기를 말한다. 예술의 시대는 바자리 네러티브 시대와 그린버그 네러티브 시대로 다시 구분하고, 역사 이후의 시대를 컨템퍼러리 네러티브 시대라고도 불렀다. 바자리 네러티브는 르네상스 시대로 한 마디로 말하면 모방의 시대였다. 사물을 정확히 모방한 작품이 인정받던 시대로 정확한 모방을 위하여 원근법, 단축법, 명암법을 만들어 내었다. 바자리 네러티브는 동영상의 등장과 일본, 이집트 등의 문화적 도전에 의하여 막을 내리게 되었다.

모방의 시대가 끝나고 화가들은 예술이 무엇인지에 대해 진지하게 고민하게 되었으며, '이것이 예술이다.'라는 다양한 선언들이 나타나는 모던 시대를 맞이하게 된다. 이 시대를 이데올로기의 시대, 선언문의 시대라고도 부른다. 모던 시대의 다양한 선언문 가운데 대표적인 것이 그린버그의 선언문이었는데, 그린버그는 회화의 평면성을 강조하였다. 그는 다른 예술이 갖지 못한 회화만이 갖는 순수한 속성을 '평면성'으로 보았던 것이다. 단토는 이데올로기가 지배하던 모던 시대를 그린버그 네러티브 시대라고 하였다.

단토는 그린버그 네러티브는 1964년에 맨해튼 이스트 74번가에 있는 스테이블 갤러리에 전시된 앤디 워홀의 작품 「브릴로 상자」에 의해 종말을 맞게 되었다고 하였다. 앤디 워홀을 통해 그는 미술의 의미를 미술로 가르칠 수 없다는 것을 알았는데 앤디 워홀의 작품에서 깨달은 바는 "어떤 것들이라도 작품이 될 수 있으며, 미술이 무엇이냐는 점을 발견하려면 감각의 경험으로부터 사고로 방향을 전환해야 한다."라는 것이었다. 그는 미술이 외관상의 문제가 아니라 정신의 문제이며 궁극적으로 철학의 문제임을 알았다.[41] 단토는 앤디 워홀의 브릴로 상자 이후의 시대를 컨템퍼러리 네러티브 시대라고 하였고, 특정 이데올로기만이 예술이 되던 시대는 끝이 나고 무엇이든지 예술이 될 수 있는 시대가 되었다고 하였다. 그래서 예술가는 진정한 자유를 얻게 되었다고 하였다.

수업에 대해서도 특정 이데올로기가 지배하는 시대를 끝낼 필요가 있다. 다양한 이데올로기가 난무하는 이데올로기의 시대를 끝내려면 '수업은 의미의 구현'이라는 수업예술의 시대가 되어야 한다. 수업예술은 외부의 압력과 통제, 감시와 평가, 좋은 수업에 대한 획일적인 기준을 벗어나 교사에게 자유를 제공해 줄 것이다. 그러므로 교사는 이데올로기화된 좋은 수업의 기준으로부터 자유로워져야 하고, 자신의 수업에 자신감을 가져야 한다.

셋째, 수업예술을 창작하는 교사는 평가로부터 자유로워야 한다.

교사 자신이 평가받고 있다는 생각을 하고 수업하는 것은 발전적인 긴장감을 느끼게 해 주고, 나태함의 유혹을 벗어나게 하는 힘을 주기도 한다. 그러나 수업의 질 향상은 이러한 외부의 평가에 의해서가 아니라 교사 자신의 신념과 의지에 의한 것일 때가 더 바람직하다고 할 수 있다.

우리는 평가가 주는 장점보다는 평가가 주는 두려움으로 인해 자신이 옳다고 생각하는 수업의 실천을 방해받는다는 사실에 주목할 필요가 있다. 두려움은 올바른 판단과 실천을 방해하는 요소로 작동한다. 이 두려움은 나쁜 평가로 인해 학부모나 학생, 동료들과의 비우호적인 관계가 형성될 수도 있다는 두려움이다. 이러한 두려움으로 인해 우리는 자기 자신의 신념이나 의지에 의한 수업보다는 외부 평가 주체 즉 학부모, 학생, 동료, 관리자 등이 갖고 있을 것으로 예상되는 평가 기준에 따라 수업하곤 한다.

그 예를 몇 가지 들어 보겠다. 먼저 학부모 평가로 인해 교사가 위축되는 경우이다.

오늘날 교사는 교과서를 가르치는 것이 아니라 교육 과정을 가르쳐야 한다는 것이 정설로 받아들이고 있지만, 일부 교사들은 아직도 교과서에 나와 있는 내용을 모두 가르쳐야 한다는 생각을 버리지 못하고 있다. 그 이유는 다양하겠지만, 그중에 한 가지는 학부모로부터 평가받고 있다는 생각 때문이다. 학부모들이 자녀들의 교과서를 뒤적여보다가 텅텅 비어 있는, 자녀가 공부한 흔적이 없는 교과서 페이지를 발견했을 때, 학부모는 교사가 수업을 제대로 하지 않았다고 평가할 수도 있다는 생각이다. 만약 학부모가 교과서에 나와 있는 내용을 자녀에게 물어 보았을 때 자녀가 "이건 배운 적이 없어요."라고 말한다면 학부모가 교사를 제대로 수업하지 않는 교사로 평가할 것이라는 교사의 생각으로 인해 교사들은 교과서 가르치는 것을 포기하지 못하는 것이다.

마이클 풀란은 학교장을 위한 실천 지침 중의 하나로 '수업을 탈사유화하라.[42]'라고 하였다. 그는 모든 교사가 수업을 공개하고 또 다른 교사의 수업을 참관하는 활동을 일상적으로 하는 것을 바람직하게 여기는 학교 문화를 만드는 것이 매우 중요하다고 하였다. 그리고 수업의 탈사유화는 교사의 전문성 함양을 위해 반드시 필요한데도 이 시도는 지난 수십 년간 교사 개인의 사생활 보호라는 방패에 가려져 제대로 이루어지지 않았다고 하였다.

풀란은 수업 공개와 수업 참관이 잘 이루어지지 않는 것은 교사 개인의 사생활 보호, 교사의 수업 사유화 때문이라고 생각하고 있다. 그러나 나는 풀란의 견해와는 달리 수업 공개가 잘 이루어지지 않는 것은 수업의 사유화 경향보다는 평가의 두려움에 그 원인이 있다고 본다.

평가는 두려움을 낳고 두려움은 수업 공개를 회피하게 만든다. 수업 공개의 회피는 수업 공개의 경험을 쌓을 수 없게 하고, 경험의 부족은 또 다른 경험을 두려워하게 만든다. 이것이 반복되어 수업 공개 회피라는 학교 문화를 만드는 것이라고 본다.

수업에는 공적인 면과 사적인 면이 공존하는데, 풀란처럼 공적인 면을 강조하다 보면 수업의 보편적인 평가 기준을 마련하고 그 기준을 충족하는 수업인지를 평가하게 된다. 수업의 공적인 면을 강조하는 것으로는 수업 공개 활성화를 이루기 어렵다. 오히려 수업의 사적인 면을 강조할 필요가 있다. 수업의 사적인 면이 강조되면 좋은 수업의 기준이 절대적이 아닌 상대적인 기준이 되고, 상대적인 기준은 교사를 수업 평가로 인한 두려움에서 벗어날 수 있게 할 수 있다.

수업예술을 실천하려는 교사는 평가로부터 자유로워져야 한다. 그래서 수업은 두려운 것이 아니라, 즐거운 것이 되어야 한다.

넷째, 수업예술을 창작하는 교사는 수업이 계획한 대로 되지 않을 수 있다는 것을 당연시하고 유연하게 대응하여야 한다.

우리는 수업을 하기 전에 계획을 세울 때부터 수많은 선택을 한다. 그리고 그 선택을 위하여 교사들은 많이 고민한다. 수업에 왕도가 있거나 정답이 있다면 교사는 다양한 선택의 갈림길에서 고민하지 않아도 될 것이다. 정해진 길만 따라가면 되기 때문이다. 따라서 선택의 어려움을 겪는 교사는 왕도나 정답을 모르기 때문이 아니라, 자신의 수업 의도를 명확하게 정하지 못했기 때문이라고 보아야 한다.

이러한 선택의 문제는 수업 중에도 수없이 많이 발생한다. 학생들은 대본대로 움직이는 배우들이 아니다. 그러니 수업에는 늘 예측 불가능성과 불확실성이 존재한다. 일부 교사들은 수업 중에 발생하는 다양한 변수들을 의식적으로 외면하거나 회피하기도 한다. 학생들이 어떻게 반응하든지 묵묵히 원래 계획한 대로 정해진 길을 가는 교사도 있다. 또 일부 교사들은 이러한 불확실성과 예측 불가능성을 내포하는 수업을 힘들어하거나 두려워하기도 한다. 그러나 수업예술을 창작하는 교사들은 이러한 특질을 갖는 수업에서 자유를 느껴야 한다. 랭거는 '유연한 마인드를 갖추면 불확실성은 의미를 발견하는 자유를 창조한다.

의미 있는 선택을 하기 위해서는 불확실성이 필요하다. 선택을 하지 않는다면 불확실성도 없고 주체적 행동의 기회도 없다.[43]'라고 하였다.

수업이 변수가 없는 정해진 길만 가야 하는 것이라면 얼마나 답답한가? 과거에는 수업에 이러한 예측 불가능성과 불확실성이 있음에도 불구하고 계획대로 이루어지지 않는 수업은 교사의 잘못이나 실수라고 여기기도 했다. 예를 들어, 수업 시간 40분 동안 계획한 수업을 다 마치지 못한 교사는 수업 협의회에서 실패한 수업이라는 질타받기도 했다. 과거에는 교사들에게 수업의 예측 불가능성을 극복하기를 바란 것 같다. 나는 가끔 퇴근 시간에 자동차 안에서 경제 관련 이야기를 나누는 라디오 프로그램을 청취하곤 하는데, 라디오 프로그램에 나오는 경제 전문가들은 종종 코스피 지수의 등락을 예견하곤 했다. 그런데 그들의 예측은 대부분 맞지 않았다. 아무리 그 분야에 전문가라고 하더라도 미래의 결과를 예측하는 것은 어렵고, 계획한 것을 한 치의 오차 없이 시행하는 것은 거의 불가능하다.

교사는 수업 도중에 선택해야 하는 상황이 발생하고, 그 선택은 교사가 가질 수 있는 자유이다. 그리고 그 선택이 외부에서 주어진 기준에 따른 것이기보다는 교사 자신의 의미와 가치에 따른 것일 때 진정한 의미의 자유를 얻게 될 것이다.

어떤 사람은 선택과 결정은 우리에게 부담이고 스트레스라고 말하기도 할 것이다. 실존주의자 장 폴 사르트르는 인간은 자유롭도록 선고받았다고 했으며, 그 자유는 의식적인 선택에 대한 자유라고 했다. 그리고 그는 선택의 자유에는 책임이 따르며 그 책임 때문에 인간에게 주어진 자유는 형벌이라고도 하였다.

그러나 앞에서도 이야기한 것처럼 수업은 예측 불가능성이라는 속성이 있으므로 수업예술을 창작하는 교사는 자신의 선택에 대한 책임의 무게보다는 선택의 자유에 대한 즐거움에 초점을 맞출 필요가 있다. 이는 마치 시장에서 요리를 위한 재료를 구입하는 것과도 같다. 우리는 시장에 가서 요리 재료를 살 때, 요리의 종류, 식사를 같이할 사람의 수, 손님의 성별과 나이, 식사 시간, 제철 재료 등 여러 가지 상황을 고려하여 요리 재료를 구입하지만, 요리 후에 재료가 남거나, 모자라거나 빠진 재료가 있곤 한다. 그뿐인가? 지나치게 요리의 양의 많기도 하고 때로는 모자라기도 한다. 그래도 우리는 우리의 정확하지 못한 선택에 대한 책임감 때문에 고통스러워하지 않는다. 우리는 식사의 즐거움을 생각하면서 시장에서 재료를 구입하고, 그 재료로 요리한다. 수업도 이와 같아야 한다.

수업에는 예측 불가능성이라는 속성이 있으므로 계획이 필요 없다거나 소홀히 해도 된다는 의미는 아니다. 오히려 계획은 디테일해야 한다. 수업예술에서의 주된 계획은 '의미의 구현'에 관한 계획이다. 즉 수업의 내용과 그것을 표현할 형식에 관한 계획이다. 의미에 대해서는 앞에서 충분히 다루었으므로 생략하고, 이러한 계획이 어느 정도 이루어졌을 때 수업을 하는 것이 바람직한가에 대해 생각해 볼 필요가 있다. 수업 실행 시점은 상대적인 것으로 절대적인 기준이 있을 수는 없다. 다만 계획이 전혀 없는 상태로 무작정 수업을 실행하거나 계획의 완벽성을 지나치게 추구하여 수업의 유연성을 해치는 극단적인 경우는 피해야 할 것이다.

다섯째, 수업예술을 창작하는 교사는 지나치게 강한 주제 의식을 갖지 않아야 한다.

주제 의식이 강하다는 것은 무엇을 말하는가? 연설문을 생각해 보면 될 것이다. 국회의원 선거에서 후보들의 연설을 생각해 보라. 얼마나 직설적이고 주제가 분명한가? 주제를 알기 쉽게 직설적으로 분명하게 드러낼 뿐만 아니라 강요하는 듯한 인상을 받기도 한다. 연설문은 예술이라고 볼 수가 없다. 반면에 소설이나 시와 같은 문학 작품들은 주제가 있지만 표면적으로 드러나 있지 않다. 소설이나 시는 주제를 문학가의 목소리로 직접 말하지 않고 은유적으로 나타내며, 작품의 여러 부분을 종합적으로 해석해 보아야 알 수 있도록 창작되어 있다. 또 예술 작품의 주제는 명시적이지 않기 때문에 독자에 따라서 다른 해석이 가능하다. 따라서 독자마다 주제를 다르게 생각할 수도 있다. 수업예술을 창작하는 교사는 주제 의식이 지나치게 강하지 않아야 한다고 말한 것은 주제 의식을 갖지 말자는 뜻이 아니라, 주제를 직접적으로 표현하거나 그 주제를 타인에게 강요하는 듯한 느낌을 주지 않아야 한다는 뜻이다.

교사가 수업 시간에 갖게 되는 주제는 크게 두 가지로 구분할 수 있다. 하나는 일차적 의미인 학습 목표이고, 다른 하나는 이차적 의미인 교사가 수업을 통해 표현하고 싶은 것이다.

일차적 의미인 학습 목표에 대한 주제 의식은 어느 정도 뚜렷할 필요가 있다. 때에 따라서는 '학습 목표'가 무엇인지 교사는 정확하고 분명하게 학생들에게 말해 줄 필요가 있다. 즉 교사는 학습 목표에 대하여 은유적일 필요는 없다. 교사와 학생들이 학습 목표를 분명히 인식하는 것은 성공적인 수업을 위하여 필요하다. 그러나 교사가 학습 목표에 대한 의식이 지나치게 강하면 학생들의 반응에 대하여 유연하게 대응하기 어렵고, 잠재적 교육 과정의 교육 효과도 놓치기 쉽다. 또한 수업이 지나치게 교사 주도적이어서 주입식 교육으로 흘러갈 확률이 높다.

교사가 수업을 통해 표현하고 싶은 것 즉 이차적 의미를 표현하는 방식은 은유적이어야 한다. 즉 교사는 수업을 통해 '글의 줄거리를 간추리기 수업 방법'에 대해 표현하기를 원하였다면 강의하듯이 이것을 설명하지 않아야 한다. 수업을 통해 즉 교수 방법, 교수 전략, 교수 기법 등을 통해 은유적으로 '글의 줄거리 간추리기 수업 방법'을 구현해야 한다. 교사가 수업을 참관하는 사람들에게 글의 줄거리 간추리는 수업은 이렇게 해야 한다고 하면서 설명하는 모습은 상상하기 어렵다.

지금까지 '의미가 구현된 수업'을 위해 교사가 가져야 할 마음가짐 몇 가지를 이야기하였는데, '구현'에 대해 좀 더 자세하게 알아보도록 하자. '의미의 구현'에서 '의미'를 예술의 내용이라고 한다면, 구현은 예술의 형식이라고 할 수 있다. 형식주의자들이 말하는 형식은 '의미 있는 형식'을 뜻하며, 단토를 비롯한 신형식주의자들이 말하는 형식은 '내용에 적합한 형식'을 뜻한다. 수업예술에서의 형식도 이러한 차이는 매우 중요하므로 '의미 있는 형식'과 '내용에 적합한 형식'을 비교해 보는 것도 좋으리라 생각한다.

예술에서 '의미 있는 형식'에는 황금분할과 같은 비율, 대칭, 비대칭, 균형, 불균형, 긴장, 통일성, 대비 등과 같은 것들이 있다. 이는 모든 예술 작품에서 의미 있는 형식이라고 보는 것이다. 이것은 일반적이고 보편적이므로 모든 예술 작품이 갖추어야 할 중요한 덕목이다.

'의미 있는 형식'을 설명하기 위하여 노엘 캐럴은 다비드의 「호라티우스 형제의 맹세」를 예로 들고 있다.

> 그 그림은 재현적이기는 하지만, 특히 그 구조 때문에 유명하다. 그것은 감상자를 이미지의 중심을 향해 안으로 끌어당기면서, 구심적이다. 거기에서 호라티우스 형제의 양팔과 칼은 확실한 X자를 형성하는데, 구성 속의 나머지 모든 선, 힘과 벡터가 그곳을 향함으로써 우리의 시선을 끌게 만든다.[44]

다비드의 「호라티우스 형제의 맹세」가 보여주는 통일된 구조는 이 작품의 의미나 내용과 상관없이 예술 작품이 갖추어야 할 통일성 있는 구조라는 형식을 잘 갖춘 작품이라는 것이다.

그에 반하여 단토를 비롯한 신형식주의자들이 말하는 형식은 의미의 표현 양식 즉 의미가 나타나게 하는 방식이라고 한다. 따라서 신형식주의자들이 말하는 형식은 '내용(의미)에 적합한 형식'을 말한다. 그러므로 신형식주의자들의 형식은 모든 예술 작품에 적용되는 고정된 의미 있는 형식이 있는 것이 아니라, 표현하고자 하는 내용(의미)에 따라서 변하는 것이다.

내용에 적합한 형식을 이해하기 위하여 예시로 제시하기 좋은 작품에는 작곡가 존 케이지의 「4분 33초」라는 곡이 있다.

> 그것은 일련의 지시로 구성되어 있다. 피아노 연주자가 피아노 앞에 앉아 악보를 펴지만 건반은 두드리지 않는다. 그 공연은 4분 33초 사이에 연이어 일어나는 주변의 온갖 소리로 이루어진다. 어떤 이가 기침을 하고 의자로 바닥을 긁어 소리를 내는 것도 작품의 일부가 될 것이다. 휴대폰이 울리고 밖에서 차가 우르릉거리며 지나가는 소리도 그 곡의 부분이 될 것이다. 어떤 이가 라디오를 켜서 하워드 스턴의 프리닝을 듣는다고 해도 그것도 마찬가지이다. 그러고 나서 그 피아노 연주자는 악보를 덮고 곡은 끝난다.
>
> 분명히 공연 때마다 들리는 것은 상연 위치에 따라 변할 것이다. 4분 33초를 구성하는 소리에는 미리 결정된 형식적 순서가 없다. 그런 점에서 그 작곡은 우연에 의한 것이다. 그 곡의 목적은 일상생활에서 우리가 종종 간과했던 소리에 주의를 돌리는 것-적어도 그것을 4분 33초 동안 감상하는 것-이다.[45]

「4분 33초」라는 작품에는 의미 있는 형식이라는 것이 존재하지 않는다. 그러나 일상의 소리에 주의를 기울이자는 주제(의미, 내용)에 적합한 형식을 갖추었다고 말할 수 있을 것이다.

내용에 적합한 형식을 이해하기 위하여 예시로 제시하기 좋은 또 하나의 작품에는 브뤼헐의 「이카로스의 추락」이라는 작품이 있다.

> 브뤼헐의 「이카로스의 추락」에서 전경은 쟁기질하는 농부로 채워져 있다. 배경에는 수평선까지 이어진 바다 모습과 해안가 양쪽에 산들이 있다. 또한 물 위에 떠 있는 두 척의 배가 있다. 그러나 여러분이 그림의 오른쪽 하단부를 자세히 들여다 보면, 파도 속에서 첨벙거리면서 반쯤 잠긴 몸에서 삐져 나온 다리가 있다.
>
> 물론 그 다리는 이카로스의 것인데, 그는 태양 쪽으로 너무 가깝게 날아간 나머지 날개에 붙였던 밀랍이 녹는 바람에 땅으로 떨어진 것이다. 그 그림은 전설적인 사건이 눈에 띄지 않게 일어났는데도 일상생활이 조용하고 무감각하게 지나가는 모습의 아이러니를 관찰하면서 무사태평함을 표현하고 있다.[46]

「이카로스의 추락」은 '중대한 역사적 사건들이 눈치채지 못한 채로 지나간다.'라는 주제를 표현하기 위하여 핵심적인 부분을 탈중앙화시켰다. 그리고 농부의 태평함과 이카로스의 긴박함을 대비시켰다. 이러한 작품의 형식은 내용에 적합한 형식이라는 측면에서 빛을 발하고 있다. 이 작품을 감상하다 보면 주제(의미, 내용)를 표현하기 위해 참으로 적절한 형식을 채택하였다는 것을 느끼게 된다.

브뤼헐의 「이카로스의 추락」은 앞에서 살펴본 다비드의 「호라티우스 형제의 맹세」와는 형식에 있어서 다름을 볼 수 있다. 「호라티우스 형제의 맹세」의 X의 힘과 방향은 그림의 내용과는 크게 관계가 없어 보이나, 「이카로스의 추락」에서 대비는 내용과 관계가 깊은 것이다. 이처럼 단토는 내용에 적합한 형식이어야 한다는 것을 주장하고 있다.

이러한 형식에 대한 두 시각에서의 접근 방법은 수업에도 그대로 적용될 수 있다.

지금까지 교육계는 수업의 '의미 있는 형식'을 중요시해 왔다. 수업에서 도입 부분은 5분을 넘지 않는 것이 좋으며, 학습 문제는 학생들이 스스로 말하게 하는 것이 좋고 칠판의 중앙 위에 판서하여 학생들이 수업 내내 확인할 수 있도록 해야 한다. 학습 문제를 확인한 다음에는 학습 순서 즉 학습 안내를 할 필요가 있다. 학습 안내는 활동1, 활동2와 같이 활동을 중심으로 안내하는 것이 좋다. 이런 것들이 오늘날 교육계에서 중요하게 여기는 '의미 있는 형식'일 것이다. 이러한 의미 있다고 생각하는 수업의 형식들은 모든 수업에 적용이 되고 대부분의 교사는 이러한 형식에서 벗어날 엄두를 못 내고 있다.

난 앞에서 '수업의 자유시 운동'을 말하였었다. 수업의 형식들이 정형시인 시조처럼 경직되어 있음을 지적하고, 자유시처럼 형식에 유연함이 있어야 한다고 말하였다. 수업의 형식이 '내용에 적합한 형식'을 추구하는 수업예술은 '수업의 자유시 운동'이 추구하는 것에 대한 답을 줄 수 있을 것이다.

'내용에 적합한 형식'을 추구하는 수업예술은 '의미 있는 형식'을 추구하는 기존의 수업과 비교하였을 때 또 다른 이점이 있다. 그것은 수업 형식의 발전이다. 고정적인 '의미 있는 형식'을 중시하는 수업은 많은 세월이 흘러도 발전적인 형식적 변화를 기대하기 어렵다. 그러나 '내용에 적합한 형식'을 추구하는 수업예술에서는 수업 형식에 있어서 발전 가능성이 크다. 시대가 변화하면 그 시대에 맞는 교육 내용이 있게 마련이고, 교육 내용이 변화하면 새로운 교육 내용에 적합한 새로운 교육 형식이 요구되기 때문이다. 그래서 수업의 형식은 고정되어 있지 않고 발전적으로 변화할 수 있는 것이다.

그럼 구체적으로 수업예술에서 교사는 '의미'를 어떻게 구현하는가? 다시 말하자면 교사는 내용에 적합한 형식을 어떻게 만들어 가는가? 교사는 내용에 적합한 수업 형식을 만들어 감에 있어서 구속이나 제약은 없는가? 그냥 교사가 마음 내키는 대로 내용을 구현해 가면 되는가? 그렇지는 않다. 어떤 것에 예술적 의미를 구현하는 것은 전적으로 예술가에게 의존하는 것처럼 생각할 수 있으나, 단토는 그렇게 생각하지 않았다. 단토는 예술가는 작품에 의미를 구현할 때, 작품 제작 당시에 예술가가 속해 있는 예술계에서 통용되는 예술 이론, 예술 철학, 규약 등에 의존한다고 하였다. 이는 관람자와 예술가가 의사소통할 수 있게 만든다는 측면에서 매우 중요하다고 볼 수 있다. 예술가가 예술 이론이나 규약에 따르지 않고 자의적으로 의미를 구현한다면 관람자가 그 의미를 해석하는 것은 불가능하기 때문이다. 수업예술에서도 교사는 수업에 의미를 구현할 때 그 시대의 교육 철학, 교육 지식, 교육 이론, 규약에 의존해야 한다.

수업예술에서 교사가 교육 철학, 교육 이론, 규약 등에 따라 수업에 의미를 구현해야 한다는 것은 무슨 뜻일까? 한 가상의 사례를 통해 이 물음에 답해 보고자 한다.

A교사는 지구촌의 문제 중 세계 식량 문제의 심각성을 알리는 수업을 하고자 한다. 그는 교과서에 제시된 방법으로 수업하기보다는 EBS에서 제작한 아프리카의 식량 문제를 다룬 40분짜리 다큐멘터리 영화를 틀어주기로 하였다. 교사는 아무 말 없이 학생들에게 40분 내내 다큐멘터리 영화를 틀어주었다. 교사가 한 일이라고는 교실의 불을 끄고, TV를 켠 다음 영화를 틀어준 것밖에 없다. 물론 교사는 수업 전에 학생 수준에 맞고 지구촌의 식량 문제를 가장 잘 다룬 다큐멘터리를 선택하기 위해 몇 시간의 시간을 소비하였다. 교사는 수업 시간에 아무런 행위를 하지 않았지만, 다큐멘터리를 감상한 학생들은 세계 식량 문제의 심각성에 대해 충분히 인지하고 문제 해결의 필요성을 깨달았을 것이다. 이 수업에서 A교사는 수업의 일차적 의미인 학습 목표를 학생들에게 성취시키는 데 기여했다고 볼 수 있다. 수업예술의 관점에서 A교사가 수업에서 구현하고자 한 의미는 지구촌의 문제와 관련된 수업은 인지적으로 이해하는 것보다 마음으로 느끼고 공감하는 것에 초점을 두어야 한다는 것이었다.

A교사가 수업에 의미를 구현하기 위해 학생과 교사, 학생과 학생 간의 상호작용 즉 일반적인 교수 행위를 하지 않는 방식, 수업 시간 내내 동영상만 시청하는 방식을 선택하였다. A교사의 의미 구현 방식은 오

늘날 교육 철학, 교육 이론, 교육 관련 규약에 따랐다고 볼 수 있을까? 난 이 질문에 대한 찬반은 교육계 안에서도 갈릴 것으로 생각된다. 판단을 보다 쉽게 하도록 하기 위하여 A교사가 1980년대 초에 똑같은 수업을 했다고 가정해 보자. A교사는 80년대의 교육 이론이나 규약에 따랐다고 보기 어려울 것이다. 따라서 A교사의 수업을 참관한 교사들은 A교사가 수업에서 구현하고자 한 의미를 해석해 내지 못하였을 것이며, 아마도 대부분의 참관자는 A교사가 어떤 사유로 자신의 불만을 표시한 것이며, 수업 공개를 거부하는 행동으로 판단했을 것이다.

정리하자면, 수업예술에서 교사가 수업에 의미론적 기능을 부여할 때는 교사가 수업할 당시의 교육계에서 통용되는 교육 철학, 교육 이론, 교육 관련 규약에 따라야 한다. 즉 자신의 수업에 수업예술의 지위를 부여하는 것은 교사의 개인적인 심리적인 면에 의존하지만, 교사는 의미를 수업의 각 부분을 수단으로 하여 참관자에게 전달하게 되는데, 이러한 의미의 전달 수단이 되는 수업의 각 부분은 교육계의 규약에 의존한다. 이것이 수업예술에서 교사가 의미를 구현할 때 고려해야 할 첫 번째 사항이다.

수업예술에서 교사가 수업에 의미를 구현할 때 고려해야 할 두 번째 사항은 '교사는 의미를 수사법을 사용해서 표현해야 한다.'라는 것이다.

몇 명의 독자들은 이 말에 쉽게 동의하지 않을 수도 있을 것이다. 그들은 화를 내며 말할 수도 있다. "교사가 수사가가 되라는 말인가? 사실을 있는 그대로 말하지 않고 과장하거나 포장해서 말하는 것이 교사가 할 짓인가?"라고 말이다. 그러나 그렇지 않다. 교사가 학생들에게 사실을 과대 포장하여 가르치라는 것이 아니다.

그럼 수업에서 수사법을 사용하여 표현해야 한다는 것은 무슨 말인가? 쉽게 말하자면 교사는 자신이 의도한 의미를 참관자에게 직접 해설하듯이 보여주어서는 안 되고, 수업이라는 활동을 통하여 은유적으로 드러나게 해야 한다는 것이다.

단토는 주제를 특정한 시각에서 보게 만드는 것이 수사법의 기능이라고 했다. 그는 수사법을 설명하기 위하여 맥주 광고를 예로 들고 있는데, 맥주병 위에 그려져 있는 서리는 보는 이로 하여금 갈증을 느끼게 만들고 그것을 해소하는 상태를 상상하도록 유도한다고 하였다. 수업에도 이러한 수사법이 적용되어야 한다. 이러한 수사법은 일반 수업과 수업예술을 구별할 수 있게 하는 것 중의 하나가 될 것이다.

가장 흔히 사용되는 수사법에는 은유가 있다. 예술가는 자신이 의도한 의미를 예술 매체에 표현하면서 수사법을 사용하는데 그 대표적인 것이 은유이다. 굿먼은 표현을 '은유적 예증'이라고 말한 것을 곱씹어 보면 그 의미를 더 잘 알 수 있다. 예증이라는 것은 직접 보여주는 것을 뜻하고, 은유적이라는 것은 직접 보여주지 않는 것을 뜻한다. 얼핏 보면 모순처럼 느껴지게 되는데 그렇지 않다. 직접 보여주는 것은 그림이라는 매체이고, 직접 보여주지 않는 것은 의미이다. 따라서 표현한다는 것은 예술가의 의식이나 의도를 작품을 통해 간접적으로 보여주는 것을 뜻한다.

수업에서의 은유를 예로 들어 보겠다. 교사는 '수업은 학생에게 재미 있어야 한다.'라는 것을 수업으로 표현하고자 한다고 가정해 보자. 교사는 참관자에게 수업은 재미있어야 한다는 것을 직접 드러내어 말하지 않는다. 대신에 게임을 활용하는 수업 장면을 보여준다. 즉 교사가 표현하고자 하는 의미인 '재미'라는 개념은 숨기고, 비유인 게임을 드러내 보이는 것이다.

수업예술에서 교사는 활동 순서의 변화, 활동 시간의 조정, 활동 반복 등의 수사법도 활용할 수 있다.

4.

수업예술을 어떻게 **감상**할 것인가?

이 장에서는 수업의 감상, 수업의 해석에 대하여 살펴보고자 한다.

먼저, 현행의 공개 수업의 문제점과 수업 참관의 현주소를 살펴보고,

수업예술이 그 대안이 될 수 있다는 것을 이야기할 것이다.

다음으로 구체적인 수업 참관의 방법, 수업 감상과 해석 더 나아가 수업예술

비평에 대하여 단토의 지혜를 빌려서 이야기하고자 한다.

이런 공개 수업 어때요

독자들이 평소 보지 못한 특별한 공개 수업 장면을 스케치하고자 한다. 이는 내가 실제로 학교에서 실시한 공개 수업을 토대로 하였지만, 실제보다 더 이상적인 모습을 그린 것이다.

학교 게시판에는 연극 공연을 알리는 듯한 포스터가 붙었는데 가까이 가서 자세히 보니 이는 연극 공연 포스터가 아니고 수업 공개 포스터였다. 포스터는 공개 수업을 홍보하는 것이었지만 마치 연극 공연처럼 제목이 붙어 있었는데, '국어과 공개 수업'이라는 제목이 아니라, '줄거리의 다양한 얼굴'이라는 제목이었다. 그리고 때, 장소, 수업 학반 소개, 학반 사진 등이 나와 있는 일반적인 공연 포스터 형식을 취하고 있었다.

그리고 포스터가 학교 게시판에 붙은 날, 공개 수업을 앞둔 교사 한 명이 손에 팸플릿 한 장을 들고 교장실로 들어가고 있었다. 교사는 교장에게 공개 수업에 초청한다는 말과 함께 팸플릿을 건넸다. 교장이

펼쳐본 팸플릿은 포스터의 형식과 비슷한데, 좀 더 자세한 내용이 들어있었다. 간단한 음악 발표회 팸플릿처럼 총 4면으로 되어 있었는데 1면에는 포스터처럼 제목, 때, 장소, 주최, 주관, 후원 등이 적혀 있었고, 2면에는 학반 소개, 수업 흐름, 수업 교사 약력, 초대하는 말 등이 있었고, 3면에는 학생들이 모둠별로 찍은 사진과 이름이, 4면에는 참관 시 협조 사항, 교실 약도가 나와 있었다.

수업 교사가 교장실과 교무실을 방문하는 동안 그 반 회장단은 각 교실을 방문하고 있었다. 수업 교사와 마찬가지로 손에는 팸플릿이 들려져 있었고, 학생들에게서 팸플릿을 전달받은 교사들은 학생들에게 수업을 발표하게 된 것을 축하한다는 말과 함께 참관할 것을 약속하였다.

드디어 공개 수업을 하는 날이 되었다. 공개 수업은 수요일 오후 점심 식사 후에 실시되었다. 교장을 비롯한 여러 교사가 교실을 가득 채웠다. 그런데 특이한 점 한 가지가 있었다. 교사들의 손에는 교수·학습안과 볼펜이 들려 있지 않고, 그냥 전에 받은 팸플릿이 들려져 있었다. 그리고 일부 교사의 손에는 장미꽃 한 송이 또는 포장된 꽃다발이 들려져 있었다.

수업을 참관하러 온 사람들은 모두 소속 학교 교원들이었으나, 그중에 평소에 보지 못했던 낯선 인물 한 명이 있었다. 그는 다른 학교에서 온 수업예술 비평가였다. 공개 수업을 하는 교사와 연구부장 교사가 함께 의논하여 초청할 수업예술 비평가를 정하였는데, 이 수업에 초청된 수업예술 비평가는 인근 학교에 근무하는 국어과 수업연구교사 출신의 수석교사이다.

어느덧 공개 수업이 끝났다. 수업이 끝났지만, 학생들은 여전히 자리에 앉아 있었고, 참관하는 교사들도 자리를 지키고 있었다. 수업이 끝났음을 확인한 교장은 학생들 앞으로 나아가 수업 참관 소감을 이야기하고 학생들은 칭찬하고 격려하는 말을 간단히 하였다. 그리고 참관 교사들도 학생들에게 칭찬과 격려의 박수를 보냈다. 그리고 교장은 참관자를 대표하여 수업교사에게 수업 발표를 축하하고, 그동안의 노고에 감사한다는 말과 더불어 꽃다발을 증정하였다. 이어서 개별적으로 친분이 있는 교사들도 꽃다발을 전해 주었다.

이어서 교감이 학생들에게 생각을 진지하고 솔직하게 말해 준 것과 열심히 공부하는 모습을 보여준 것에 감사하고 수업 발표를 축하한다는 말과 함께 미리 준비한 간식을 학생 대표에게 전달하였다.

수업 참관 후 수업 협의회는 하지 않았다. 그 수업을 보고 잘된 점, 부족한 점, 바람직한 방법 등을 의논하는 수업 협의회를 하는 대신에 포럼을 개최하기도 하지만, 수업이 공개될 때마다 항상 포럼을 개최하는 것도 아니기 때문에 이날은 모든 행사가 이것으로 끝났다.

나중에 연구부장 교사는 참관 교사들로부터 수업 참관록을 거두는 대신에 수업 감상록을 거두게 된다. 수업 감상록은 수업을 나름대로 해석한 내용으로 자유롭게 적도록 하고 있다. (수업예술 비평가가 나중에 수업예술 비평을 보내오면 교사 커뮤니티에 공유하게 된다.)

지금까지 수업예술에서 공개 수업과 참관을 어떻게 하는지에 대하여 예화를 통해 살펴보았다. 나는 이 책의 첫 장에서 '공개 수업'이라는 제목으로 몇 가지 질문을 던진 바가 있었고, 그 질문에 대한 답을 나중으로 미루었었다.

이제 그 질문에 대해 답해 보고자 한다. 나는 독자들이 앞의 수업 공개 예화를 통해 그 질문에 대한 답을 어느 정도 찾았을 것이라고 생각한다. 그럼 앞장에서 제시했던 질문을 한번 되짚어 보자.

첫째 질문, 의무적으로 강요당하거나 학부모의 알 권리, 교실 수업 개선, 교사 평가 등 다른 목적 달성을 위한 수단으로 이용되는 공개 수업이 아닌, 수업 공개 그 자체가 목적이 되는, 그래서 의무가 아니라 자유 의지로 수업을 공개하는 세상은 불가능한가?

둘째 질문, 수업자는 즐겁게 수업을 공개하고 참관자는 즐겁게 수업을 참관하면서 수업자와 학생들을 축하해 주는 수업 공개 문화를 만드는 것은 불가능한가?

셋째 질문, 공개 수업을 평소대로 하는 것과 특별히 준비된 수업을 하는 것 중에 무엇이 바람직한가에 대한 답을 고민하는 것이 아니라, 이러한 질문 자체가 무의미한, 이 질문을 초월할 수 있는 공개 수업은 존재할 수 없을까?

마지막 질문, 교사들이 공개 수업 후에 실시하는 수업 협의회나 수업 코칭 등을 통해 겪게 되는 반성과 성찰의 고통은 당연히 감내해야 하는 것인가? 교실 수업 개선은 고통을 통해서만 얻을 수 있는 것인가?

그럼 이 네 가지 질문에 대한 답을 앞의 공개 수업 예화에서 찾아보도록 하겠다.

먼저 첫째 질문이다. 앞에서 언급한 공개 수업 예화는 공개 수업이 다른 목적을 위한 수단이 아니라, 그 자체가 목적임을 보여주는가? 수업예술에서의 공개 수업은 알 권리 보장, 교실 수업 개선, 교사 평가를 목적으로 하지 않는다. 그리고 수업 공개 그 자체가 목적이다. 수업 공개를 하는 것 그 자체가 목적이므로 수업 공개를 함으로써 목적이 성취된 것이다. 그러므로 수업 협의회나 교사 평가 등의 후속 활동이 필요하지 않다. 왜냐하면 그 수업은 예술 작품이고 수업 공개는 예술 작품 발표이기 때문이다.

그리고 기존의 공개 수업보다는 의무감에 의한 공개의 성격이 약화한다. 수업이 예술이므로, 예술가로서의 교사는 자신의 작품을 통하여 자신의 생각을 발표하고 싶은 욕구를 가지는 것이 당연하다. 그러므로 수업예술에서의 공개는 자유 의지에 의한 공개라는 성격이 강하다.

둘째 질문, 수업자도 즐겁고 참관자도 부담스럽지 않은 공개 수업에 대한 질문에 관해 이야기해 보겠다. 우리는 미술관에 가서 그림을 감상할 때나 극장에 가서 연극을 관람할 때 필기하면서 장단점을 분석하지는 않는다. 관람자는 작품을 해석하거나 느낌에 주목하면서 감상을 즐긴다. 수업예술 참관자도 마찬가지이다. 수업을 참관하면서 그 수업의 의미를 해석하고, 수업 교사의 수업 스타일을 감상하면서 즐기는 것이다. 그리고 참관자는 수업자에게 미안한 마음을 가질 필요도 없다. 혹시라도 그런 마음이 조금이라도 든다면 꽃 한 송이라도 손에 들고 있으면 그런 마음조차 사라질 것이다. 그것은 그 수업을 평가하러 온 것이 아니라 축하하기 위해 온 것임을 보여주기 때문이다.

수업자도 마찬가지이다. 연극을 공연한 배우들이 기립박수, 커튼콜 등을 받으며 행복하고 즐거워하듯이, 수업자도 그러해야 한다. 모든 예술가는 그들의 작품의 성공 여부를 떠나서 그 작품을 발표할 때 주인공으로서 격려와 축하의 박수를 받는 것이 보통이다. 수업은 교사의 예술 작품이므로 자신의 노력의 결과를 내보인다는 것은 본인으로서도 뜻깊은 일이고, 참관자들도 그러한 노력과 결과에 박수를 보내는 것이다. 본인이 한 수업의 만족감 여부와 관계없이 주인공으로서 주변의 축하를 즐겁게 받을 수 있다.

세 번째 질문, 수업예술이 공개 수업을 평상시대로 하는 것이 좋은지 특별히 연구된 수업으로 하는 것이 좋은지에 대한 명쾌한 답을 줄 수 있는지에 관해 이야기해 보자. 그런데 이 질문에는 공개 수업은 교실 수업 개선에 목적을 두고 있다는 전제가 들어 있다. 이것은 근본적으로 어느 것이 교실 수업 개선에 더 효과적인가를 묻는 것이라고 볼 수 있다. 그런데 앞에서 말했듯이 수업예술에서의 공개 수업은 교실 수업 개선을 목적으로 하지 않는다. 그 자체가 목적이다. 그러므로 공개 수업을 평상시대로 하든지 특별히 연구된 수업을 하든지 그것은 문제가 되지 않는다.

마지막 질문, 교사들은 수업 공개 후 고통스러운 성찰 과정을 꼭 거쳐야만 하는지에 관해 이야기해 보겠다. 공개 수업 후에 이루어지는 교실 수업 개선을 위한 활동에는 수업 협의회, 수업 컨설팅, 수업 코칭, 수업 나눔 등이 있다. 수업 협의회와 수업 컨설팅에서는 좋은 수업을 위한 객관적인 지식이나 기술이 있다고 보고, 그 지식이나 기술을 정확하게 적용하는 것을 중요하게 생각하였다. 그래서 수업 협의회나 수업 컨설팅에서는 수업이 좋은 수업의 기준을 충족했는지에 대한 평가와 수업자의 반성이 주된 내용으로 다루어졌다. 그런데 점차 수업의 질을 높이기 위해 수업자 외부의 객관적인 지식이나 기술에 의존하는 것은 한계가 있다는 인식을 하게 되었다. 이에 따라 수업자의 외부 세계가 아니라 수업자의 내면에 관심을 두게 되었다. 수업 코칭이나 수업 나눔은 교사 개개인의 내면이 수업의 질을 결정한다고 보고 자기 성찰을 중요시하였다. 이상에서 살펴본 바와 같이 수업 협의회와 수업 컨설팅은 자기반성을, 수업 코칭과 수업 나눔은 자기 성찰을 요구하고 있다.

그러나 수업예술은 수업에서의 교사의 의미 부여와 교육 이론을 적용한 구현 즉 의미의 구현을 중요시할 뿐 수업 후에 공개적으로 이루어지는 성찰의 과정은 없다. 물론 수업예술 비평가에 의해 써진 비평문에는 혹독한 비평이 있을 수도 있다. 그러나 수업예술 비평가는 수업예술 비평을 통해 수업자가 변화하고 성찰하기를 강요하지는 않는다. 수업예술 비평은 수업과는 독립적으로 또 하나의 감상해야 할 작품일 뿐이다. 수업자를 비롯한 수업예술 비평을 읽는 독자들은 비평에 실린 내용에 공감할 수도 있고 그렇지 않을 수도 있다. 비평의 내용을 받아들이는 것은 독자의 자유이기 때문이다.

수업예술에서는 수업 후에 수업 협의회, 수업 컨설팅, 수업 코칭, 수업 나눔 등과 같은 수업자 반성이나 성찰을 위한 활동은 하지 않는다. 수업 후에 이루어지는 활동이 있다면 그것은 '리셉션'에 가깝다. 수업예술에서는 수업자와 수업에 참여한 학생들에게 덕담과 함께 꽃다발과 간식을 제공하며, 박수로 마무리하는 것을 권장한다.

수업예술은 교실 수업 개선을 위한 방법으로 수업자 외부의 객관적 지식을 중요시하는가? 아니면 수업자 내면의 자기 성찰을 중요시하는가? 수업예술에서는 교실 수업 개선을 위해 외부의 객관적 지식이나 내면의 성찰에 의존하지 않고, 수업자의 창작 의욕에 기반한다. 즉 수업자의 창작 의욕을 고취함으로써 교실 수업을 개선할 수 있다고 본다. 수업자가 창작한 수업예술에 관심을 두고 감상·해석하며, 수업예술의 발표에 격려와 감사의 박수를 보내는 등의 활동이 교사의 창작 의욕을 고취하는 일일 것이다.

지금까지 살펴본 바에 의하면 새로운 수업 공개 방식은 기존의 공개수업이 갖는 한계점을 어느 정도 극복할 수 있는 대안이 될 수 있을 것이다. 그러므로 이제 수업예술에서의 구체적인 공개 수업 방법에 관해 이야기해 보겠다.

수업예술에서의 공개 수업

본격적인 공개 수업의 방식을 이야기하기에 앞서 교수·학습안에 대해 이야기해 보고자 한다. 오늘날 행해지는 대부분의 공개 수업에는 교수·학습안이 따라온다. 공개 수업 교사는 세안을 작성하거나 약안을 작성하여 참관자에게 배포하는 것이 보통이다.

수업자는 반드시 자신의 교수·학습안을 작성하여야 한다는 것과 공개 수업을 할 때는 반드시 교수·학습안도 함께 공개되어야 한다는 것을 의심할 여지가 없는 당연한 것으로 받아들이고 있다. 그러나 그럴 필요가 없다는 것이 내 생각이다. 오히려 교수·학습안은 수업을 감상하는 데 방해 요인으로 작용하므로 없는 것이 더 좋다. 이에 대한 내 생각을 좀 더 풀어보면 다음과 같다.

첫째, 수업자는 반드시 자신이 작성한 교수·학습안으로 수업을 공개해야 하는 것은 아니다. 즉 수업자는 다른 사람이 작성한 교수·학습안으로도 수업을 할 수 있다는 것이다. 자신의 수업은 자신의 교수·학습안으로 해야 한다는 생각을 갖게 된 원인을 유추해 볼 필요가 있다.

먼저 각 학반 학생 즉 교육 대상의 특수성 때문에 그 특수성을 고려하지 않은 교수·학습안을 그대로 사용하는 것은 문제가 있다는 생각에서 그 원인을 찾을 수 있다. 그러나 교수·학습안이 개개의 학반 특수성을 반영할 만큼 상세한가? 교수·학습안에 반영해야 할 각 학반의 특수성은 기존의 여러 교수·학습안 중에 적절한 것을 선택하는 것만으로는 해결되지 않을 정도로 특수한가? 반드시 그러할 것이라고 자신 있게 말하기 어렵다. 모든 학반의 특성은 모두 다르다는 것은 맞는 말이나, 그 특수성을 모두 교수·학습안에 반영해야 한다는 것은 맞지 않는다. 비슷한 질문을 하나 더 해 보자. 학급의 특수성을 모두 반영하지 못한 교수·학습안은 가치가 없는 것일까? 이 또한 그렇지 않을 것이다. 교수·학습안에 반영되지 않은 학급의 특수성은 교사가 수업 시간 중에 얼마든지 구현해 낼 수 있기 때문이다. 정리하자면 각 학반의 특수성은 기존에 공유된 여러 교수·학습안 중에 적절한 것을 선택함으로써 어느 정도 반영할 수 있고, 부족한 것은 수업 시간에도 구현할 수 있으므로 반드시 자신이 작성한 교수·학습안으로 수업을 공개해야 한다는 것은 적절하지 않다고 본다.

자신의 공개 수업은 자신이 만든 교수·학습안으로만 해야 한다고 생각하게 된 또 다른 이유로는 교사의 전문성에 대한 인식과도 관련이 있는 것 같다. 교사는 수업의 전문가이기 때문에 교수·학습안 작성을 위해 남의 손을 빌리지 않는다는 것이다. 그러나 실제로 많은 교사는 자신의 교수·학습안을 작성할 때 다른 사람이 작성한 교수·학습안을 참고하거나 일부 수정해서 사용하는 경우가 많다. 즉 다른 사람이 작성한 교수·학습안을 선택하여 수업한다고 하여 전문가의 자질이 부족하다고 단정하기는 어렵다.

둘째, 공개 수업을 할 때는 반드시 교수·학습안도 함께 제공하여야 한다는 생각도 검토해 볼 필요가 있다. 상식적으로 생각했을 때 수업은 교수·학습안이 없이도 존재할 수 있고, 교수·학습안이 없더라도 그 가치가 훼손되지 않는다. 만일 교수·학습안을 동반하지 않은 수업은 그 가치에 문제가 있다고 본다면 교수·학습안 없이 이루어지는 평상시 수업의 가치에도 문제가 생기기 때문이다. 교수·학습안도 마찬가지이다. 교수·학습안은 수업을 전제로 작성되지만, 수업과 독립적으로 존재할 수 있고, 그 자체만으로도 존재 가치가 있다. 웹상이나 책으로 인쇄되어 공유된 교수·학습안은 수업 동영상이 없더라도 그 가치가 훼손되지 않기 때문이다.

지금까지의 논의한 바에 의하면 공개 수업을 할 때 반드시 교수·학습안을 쓰거나 참관자에게 제공할 필요는 없다는 것을 알 수 있다. 교수·학습안도 제공하고 수업도 공개하는 것은 가능하나 이는 교수·학습안의 발표와 공개 수업 발표라는 두 가지의 의의가 있다고 볼 수 있다. 다만 이때 참관자는 발표된 교수·학습안 대로 수업이 진행되는지 그렇지 않은지에 초점을 두고 참관해서는 안 될 것이다. 그런 관점에서 참관하게 되면 오히려 수업의 감상과 해석에 방해가 될 수도 있기 때문이다.

수업예술에서는 공개 수업 때 교수·학습안을 제공하기보다는 수업 팸플릿을 제공하는 것을 권장한다. 수업 팸플릿에는 학습 목표와 수업 흐름에 대한 간략한 안내만을 제공하여 오롯이 실시간 수업 장면의 관찰과 그것의 해석에 집중하도록 하고 있다. 또한 수업 팸플릿은 수업자와 학생에 대한 정보를 제공하여 그 학반의 수업 스타일을 이해하는 데 도움을 주는 것이 특징이다.

수업 팸플릿의 구성은 정해진 형식이 있는 것은 아니지만, 일반적인 공연이나 발표회의 팸플릿 형식과 별반 다르지 않다. 수업 팸플릿의 형식에 대해 살펴보겠다. A4 용지를 반으로 접어서 4면으로 구성된 팸플릿을 예로 들면 다음과 같다.

1면 상단 머리글에는 공식 행사명을 쓴다. 예를 들어 '20○○학년도 교내 동료 장학 공개 수업', '20○○학년도 전반기 학부모 공개 수업', '20○○학년도 ○○광역시 지정 연구학교 공개 수업' 등과 같이 쓸 수 있다. 1면 중앙에는 제목을 쓴다. 일반적인 교수·학습안에는 '국어과 교수·학습안'이라는 글자를 크게 중앙에 쓰게 되는데 수업예술의 팸플릿에서는 이것을 쓰지 않고, 연극의 제목이나 미술 작품의 제목과 같은 것을 중앙에 크게 쓰게 된다. '국어과 교수·학습안'이라는 문구를 제목으로 삼는 것은 교수·학습안이 가치중립적임을 보여주는 것으로써 수업자의 의도보다는 일반적이고 객관적인 수업의 기준에 충실한 것이라는 것을 암시하는 듯하다. 그러나 '생각 나눔판', '스스로 길을 찾다.', '즐거운 우리 반, 신나는 공부' 등과 같은 제목을 붙인다면 이 수업은 수업자의 가치(의도)가 들어간 것으로서 다른 수업과 구별되는 정체성이 부여되었다고 볼 수 있다. 또한 참관자는 제목에서 해석의 실마리를 발견할 수도 있다. '생각 나눔판'이라는 제목을 보면서 참관자는 수업자의 의도가 '생각 나눔판'의 활용에 구현되어 있을 가능성이 있으며, 협동 학습에 관한 것이라는 것을 추측할 수 있다. '스스로 길을 찾다.'라는 제목에서는 수업자가 의도한 것은 자기 주도적 학습에 관한 것이라는 것을 추측할 수 있다. '즐거운 우리 반, 신나는 공부'라는 제목에서는 학습에서의 재미의 중요성과 학급 구성원들의 화합과 유대의 중요성이 수업의 의미가 될 수 있다고 느낄 수 있을 것이다.

단토는 제목은 단순히 이름이나 이름표 같은 것이 아니라 해석을 위한 지침이라고 하였다. 또한 그는 예술 작품을 중립적으로 보는 것은 예술 작품으로 보지 않는 것을 말하는 것과 같다고 하였다.

단토는 제목이 왜 해석의 지침이 되는지 브뤼헐의 「이카로스의 추락」이라는 그림을 통해 설명하고 있는데 이해를 돕기 위하여 소개하고자 한다.

> 한 친구와 나는 안트웨르펜에서 엘더 브뤼헐의 「이카로스의 추락」을 보며 감탄하고 있었다. 우리가 아직 그 제목을 보지 못했거나 또는 순수주의자여서 그림은 "스스로 말해야 한다."라고 믿기 때문에 제목을 알아보려 하지 않았다고 가정해 보라. 내 친구는 오른쪽 하단에 칠해져 있는 흰 물감반죽을 가리키면서 이렇게 말한다. "저것은 물속에서 내밀고 있는 누군가의 다리가 틀림없어." 그런 말들은 그림을 보고 있을 때 별로 드물지 않게 들을 수 있는데, 일단 우리의 눈이 습관화된 주사 운동을 시작하면 우리는 뭔가 놓친 것이 없다는 것을 확실히 해두고 싶기 때문이다. (중략)

> 우선 다리들이 쉽게 간과될 수 있다는 사실을 브뤼헐이 염두에 두었음이 틀림없는데, 여기서 이카로스가 추락했다는 사실을 말해 주는 제목은 우리로 하여금 탐색에 나서게 하며, 누군가가 그 자체로는 별로 중요하지 않은 다리를 가리키면서 그것은 이카로스가 틀림없다고 말할 때에야 그 탐색은 끝난다. (중략)
>
> 아무튼 이카로스 자신에 관한 정보뿐만 아니라 그것이 이카로스의 다리라는 지식을 얻으면 우리는 그 정보가 없었다면 불가능했을 방식으로 그 그림을 다시 조합할 수 있다. 예를 들면 만일 그 소년이 비극을 맞은 이카로스 같은 사람이 아니었다면 우리는 그 밭 가는 농부가 전혀 그 소년을 보고 있지 않다는 사실을 그 작품의 흥미로운 점으로 지적할 수 없을 것이다. (중략)
>
> 중요한 것은 밭 가는 사람이 아무것에도 주의를 기울이지 않는다는 것이 아니라 이카로스가 떨어졌고 이 비극에 무심한 채로 그의 삶이 계속된다는 것이다.[47]

단토는 브뤼헐의 「이카로스의 추락」이라는 작품의 제목이 '바닷가의 밭 가는 사람'이었다면 이 작품은 매우 다르게 해석되어야 할 것이라고 하였다. 또 '무제'라는 제목에 관해서도 설명하고 있는데, '무제'는 적어도 그것이 예술 작품이라는 것을 시사하며, 그런 제목은 관람자가 스스로 길을 찾게 만들려는 작가의 의도라고 설명하였다.

팸플릿 1면 중앙에 적절한 제목을 붙였다면 수업할 교과나 학년 등을 부제로 붙일 수도 있다. 1면에 더 들어갈 내용으로는 일시, 장소에 대한 정보가 있으며, 1면 하단에는 비교적 작은 글씨로 주최, 주관, 후원에 대한 내용을 적을 수 있다. 주최는 해당 학반이 될 것이다. 주관은 학교의 업무 분장에 따라 달라지는데 보통 연구부 또는 교육과정부가 될 것이다. 후원은 학교가 될 수 있다. 주최, 주관, 후원을 위와 같이 적는 데는 상징적인 의미가 있다. 주최를 해당 학반으로 하는 것은 공개 수업이 학교에서 강제적으로 하라고 해서 의무적으로 하는 것이 아니라, 해당 학반에서 교사와 학생이 주체적으로 개최하는 것이라는 의미가 있으며, 해당 부서와 학교는 관리 감독하거나 평가하는 것이 아니라 행정적인 업무를 처리해 주고, 공개 수업이 원활히 될 수 있도록 후원해 준다는 의미가 있다.

2면에는 수업 개요와 수업 흐름에 대한 간략한 안내를 쓴다. 수업 개요는 교과, 단원명, 차시, 수업 목표 등이 들어간다. 수업 흐름은 연극과 비교하면 줄거리에 해당하는데 사전에 읽음으로써 수업을 이해하는 데 도움이 될 정도의 간략한 내용이면 충분하다. 2면에 들어갈 또 다른 내용으로는 수업자 소개가 있다. 수업자 소개에는 프로필 사진, 이름, 약력(최근 5년간 공개 수업 이력), 최근에 읽은 교육 관련 서적, 가장 좋아하는 교육가 또는 교육 이론가 등을 쓴다. 단 수업자 소개란에 '수업자 의도'를 쓰는 것은 추천하지 않는다. 수업자가 의도한 수업의 의미는 말이나 글로 제시하는 것이 아니라, 수업을 통해 은유적으로 구현되어야 하는 것이기 때문이다.

3면에는 학급 소개를 쓴다. 학반 소개에는 전체 학급 소개와 학생 소개로 나눌 수 있는데 전체 학급 소개에는 학급 분위기, 학급의 특색 또는 장점, 초대의 말 등을 쓰고, 학생 소개는 개별 소개보다는 모둠별로 소개하는 것이 좋은데, 모둠별 학생 사진, 모둠명, 모둠원 이름 등을 소개하는 것이 좋다. 학생들의 사진과 이름을 쓰는 것은 개인 정보를 배포하는 것이 되므로, 사전 동의를 얻어야 할 사항이다. 팸플릿에 학생들의 사진과 이름을 넣는 것은 학생들이 수업에서 수동적인 존재가 아니라, 능동적인 존재하는 것을 인식하게 하는 데 기여한다는 면에서 장점이 크다. 4면에는 맨 뒷면으로서 수업 장소 약도, 참관 시 유의 사항 등을 적을 수 있다.

이와 같은 수업 팸플릿의 제작과 배포는 이것이 예술 작품 발표, 수업예술의 발표라는 것을 의미하며, 주최자가 발표회에 초대한다는 의미를 담고 있다.

앞에서 이야기했다시피 공개 수업을 의무적인 것으로 보아 기피하거나 사소하고 일상적인 것으로 여겨서 공개 수업의 의미를 약화하는 것은 바람직하지 않다. 혹자들은 수업의 공적인 면을 강조하여 수업이 사유화되지 않아야 한다면서 언제든지 누구에게나 일상적으로 수업은 공개되어야 하고, 점검받고 관리되어야 한다고 말하기도 한다. 그런데 수업예술에서의 공개 수업은 그런 차원의 공개 수업이 아니다. 공개 수업은 운동회, 예술제처럼 학생, 교사, 학부모 모두에게 의미 있고 중요한 행사가 되는 것이 바람직하다. 그러기 위해서는 공개 수업을 특정 기간에 페스티벌 형식으로 진행하는 것도 좋은 방법이다. 학교마다 사정이 다르겠지만, 보통 5월 중순에서 7월 초순까지로 하는 것이 무난하다. 페스티벌은 개막식과 특강, 공개 수업, 교육 포럼, 폐막식과 간담회의 순으로 진행할 수 있다.

페스티벌 기간이 도래하면 학교에서는 '20○○학년도 수업예술 페스티벌' 등과 같은 문구로 현수막을 게시하고, 학교 게시판과 학교 홈페이지에 포스터를 게시한다. 포스터와 현수막은 교사들을 대상으로 공모할 수도 있고, 인쇄소에 의뢰하여 제작할 수도 있다.

개막식은 전 교원이 모일 수 있는 시청각실에서 개최할 수 있는데 학교장은 개막사를 통해 페스티벌의 의의, 기대, 비전 등을 이야기하며 성공적인 개최를 기원하고 교원의 사기를 북돋운다. 이어서 사전에 섭외한 강사의 특강을 듣는 시간을 갖는다. 페스티벌은 해마다 특정 주제를 정할 수도 있고, 정하지 않을 수도 있다. 특정 주제를 정하였다면 그 주제에 맞는 특강이 이루어져야 할 것이고, 그렇지 않다면 학교 구성원이 자유롭게 협의한 주제로 특강이 이루어질 수 있을 것이다.

개막식이 끝난 다음 날부터 본격적인 수업 공개가 시작되는데, 대부분의 학교는 수요일 오전에 수업을 마치기 때문에 매주 수요일 5교시에 공개 수업을 실시하는 것이 좋다. 그런데 규모가 큰 학교에서는 교사 수가 많아서 매주 수요일마다 한 명만 공개 수업을 해서는 페스티벌 기간 안에 공개 수업을 모두 마칠 수가 없다. 그래서 각 학년의 1반은 5월 3주 수요일, 각 학년의 2반은 5월 4주 수요일, 각 학년의 3반은 6월 1주 수요일. 이런 식으로 계획한다면 6주 안에 모든 수업을 공개할 수 있다. 만약 학년당 3반이 있는 비교적 작은 규모의 학교라면 저학년의 각 1반은 5월 3주, 고학년의 각 1반은 5월 4주. 이런 식으로 계획하면 6주 동안 공개 수업 일정을 소화해 낼 수 있을 것이고, 참관자들도 어느 정도 확보할 수 있을 것이다.

참관자는 본인이 희망하는 교사의 수업을 참관하되 적절히 조정하여 모든 수업자의 교실에 참관자들이 골고루 들어갈 수 있도록 하는 것이 좋다. 업무 담당자인 연구부장 교사는 사전에 공개 수업 교사와 협의하여 수업예술 비평을 받을 교사를 몇 명 선정하고, 수업예술 비평가를 섭외해 놓는다.

또한 하루에 여러 명의 교사가 공개 수업을 하는 것으로 가정했을 때, 연구부장 교사는 수업을 마친 후에 각 수업 교사에게 꽃다발을 증정하고, 학생들에게 수업 감상평과 격려의 말을 해 줄 사람을 배정해 두어야 한다. 이런 사람으로는 교장, 교감, 교무 부장 교사, 연구부장 교사, 학년 부장 교사 등을 고려해 볼 수 있다.

연구부장 교사는 페스티벌 기간에 소요될 꽃다발을 미리 주문하여 당일 아침에 배달될 수 있도록 준비하고, 수업 학반 학생들에게 나누어 줄 간식도 사전에 준비해 두어야 할 것이다.

실제 공개 수업을 위하여 수업 학반에서 해야 하는 활동들과 참관자들의 참관 활동, 참관 후의 꽃다발 증정과 감상평 등에 대해서는 '이런 공개 수업 어때요.'라는 제목으로 앞에서 보여준 가상 공개 수업 장면으로 대신하고자 하니, 앞부분을 다시 확인해 봐도 좋을 것이다.

모든 공개 수업 일정이 끝나면 교육 관련 포럼을 개최할 수도 있다. 공개 수업 페스티벌을 포럼으로 끝맺음하고자 하는 것은 포럼의 장점 때문이다. 포럼의 장점은 다수의 교원이 직접 토의에 참여할 기회를 제공함으로써 보다 능동적으로 주제를 탐구할 수 있도록 하며, 전문가의 발표 후에 토의가 이루어짐으로써 체계적이고 깊이 있는 탐구가 가능하다는 점 등이다. 포럼은 ①개회, ②참석자 소개, ③개회사, ④주제발표, ⑤주제토론, ⑥폐회의 순서로 진행할 수 있다. 주제 발표자와 주제 토론자를 모두 해당 학교 교원으로 할 수도 있고, 외부 전문가를 초빙할 수도 있다. 주제 토론은 좌장(토론 사회자) 1명, 지정토론자 2~4명으로 구성하여 진행할 수 있는데, 좌장은 청중의 질의, 응답 시간을 따로 둘 수도 있고, 지정 토론자의 토론 중에 청중을 토론에 참여시킬 수도 있다. 그러므로 좌장은 토론 전에 이러한 토론 규칙을 청중과 지정토론자에게 설명할 필요가 있다.

포럼 후 폐막식을 하고 나면 공식적인 수업예술 페스티벌을 끝나게 된다. 한 가지를 더 추가한다면 폐막식 날 저녁에 뒤풀이를 위한 간담회를 실시하는 것도 추천할 수 있다.

수업예술 감상과 해석

수업을 해석하는 것이 가능한가? 무대 위에서 공연하는 연극을 보고 그 의미를 해석하듯이, 교실에서 일상적으로 행해지는 수업도 해석이 가능한가? 이 질문에 대답하기 위하여 전자 제품 매장에서의 사고실험 한 가지를 이야기하고자 한다.

전자 제품 매장인 ○○마트에는 선풍기를 전시한 공간이 있다. 이곳을 찾은 많은 사람 중에 선풍기를 보고 그것에 표현된 의미를 해석하고자 하는 사람이 있을까? 레디메이드의 거장 마르셀 뒤샹이 소변기를 독립미술가협회가 주관하는 전시회에 출품했듯이 이 선풍기를 미술관에 전시해 놓았다면 관람자들은 그 의미를 해석하려고 노력했을 것이다. 그러나 이것이 전자제품매장에 진열되어 있을 때도 그 의미를 해석하고자 하는 사람이 있을까? 단토에게 묻는다면 어떤 대답을 할까? 단토의 초기 저서 '일상적인 것의 변용'의 내용으로 유추해 볼 때는 단토는 그런 사람은 없을 것이라고 이야기했을 것 같다. 그러나 말기의 저서 '무엇이 예술인가'의 내용으로 유추해 볼 때는 그런 사람이 있을 가능성을 배제할 수 없다고 이야기했을 것 같다. 그는 '무엇이 예술인가'에서 앤디 워홀의 브릴로 상자가 아닌 시중에 판매되는 제임스 하비의 브릴로 상자의 의미를 해석하며 그것은 브릴로에 대한 시각적 찬양이며, 시각적 수사의 걸작이라고 평가하였다.

다시 선풍기가 진열된 ○○마트 매장으로 가 보자. 선풍기를 구매하러 온 고객은 선풍기의 기능, 안전성, 가격, 디자인 등에 관심을 보일 것이다. 구매 고객이 선풍기의 의미를 해석하기 위해 선풍기 앞에 한참을 서 있을 가능성은 매우 낮다.

선풍기를 제조하는 회사 직원이 시장 조사를 위해 그곳을 방문했을 수도 있을 것이다. 선풍기 회사의 직원은 타 회사의 제품을 볼 때 구매 고객과 마찬가지로 기능, 안전성, 가격, 디자인 등과 고객들의 반응을 자사의 제품과 비교하면서 볼 것이다. 그들에게서도 선풍기의 의미를 해석하고자 하는 태도를 확인하는 것은 기대하기 어렵다.

그 매장에는 또 한 유형의 사람이 방문하였는데, 그는 선풍기를 디자인한 디자이너이다. 그는 선풍기의 소비 전력량, 가격, 기능에는 관심이 없을 것이다. 그는 ○○회사의 선풍기 앞에서 한참을 서 있었다. 그는 선풍기를 해석하고 있었던 것이다. 그의 해석은 이러하다. 이 선풍기는 사용자가 꽃바람을 연상하도록 하고 있으며, 선풍기 바람이 사람들을 행복하게 만들기 위해서는 봄철에 벚꽃 잎을 날리는 꽃바람을 제공해야 한다는 것이 선풍기에 구현된 의미라고 보았다. 그가 그렇게 해석한 까닭은 선풍기의 날개가 있는 둥근 헤드 부분은 연한 아이보리

색이고, 날개가 돌아가는 축이 있는 헤드의 가운데 부분에는 벚꽃 잎 두 장이 그려져 있었기 때문이다. 또한 각종 버튼이 있는 받침대는 낱장의 벚꽃 잎 모양으로 되어 있었고, 그 색상은 헤드 부분과 마찬가지로 연한 아이보리색과 연한 연두색을 띠고 있었기 때문이다.

전자 제품 매장에서 선풍기를 보고 의미를 해석하고자 하는 사람은 선풍기 디자이너뿐만 아니라 또 다른 사람도 있을 수 있다. 선풍기를 사러 온 고객이나 시장 조사를 하러 온 선풍기 회사 직원 중에서도 있을 수 있다. 선풍기 매장을 찾은 사람 중에 누구든지 선풍기를 보는 순간 '와, 예술이네.' 하는 생각이 들었다면 그는 선풍기에 구현된 의미를 해석하고자 할 수도 있을 것이다.

결론적으로 말해서 작품에 대한 해석은 반드시 전시장이나 미술관에 전시된 순수 예술 작품에만 이루어지는 것이 아니라, 일상적인 공간에 존재하는 실용 예술 작품에서도 이루어질 수 있는 것이다.

이 사고 실험을 수업에 대입시켜 보자. 만약 우리가 문화예술회관의 공연장을 빌려서 수업하였다면 그곳을 찾은 많은 사람은 수업에 구현된 의미가 무엇인지에 관심을 두고 그것을 해석하고자 하였을 것이다. 그런데 공개 수업은 문화예술회관의 공연장에서 행해지는 것이 아니라, 마치 선풍기가 진열된 전자 제품 매장처럼 일상적인 공간인 교실에서 행해지는 것이 일반적이다. 그런데 우리는 위의 사고 실험의 결과를 적용해 볼 때 일상적인 공간인 교실에서 공개되는 수업도 구현된 의미의 해석이 가능하다는 것을 알 수 있다.

단토는 예술 작품의 해석을 세례에 비유하였다. 즉 해석은 사물을 예술 작품으로 변용시키는 역할, 사물에 새로운 정체성을 부여하는 역할을 한다고 보았다. 쉽게 말하자면 예술가가 자신의 작품에 예술 작품의 지위를 부여하지만, 그것으로 예술 작품이 될 충분조건을 갖추었다고 보기 어렵고 관람자가 해석하였을 때 비로소 예술 작품으로 된다는 것이다. 예술 작품 성립에서의 해석의 중요성은 수업예술에 시사하는 바가 매우 크다. 이는 "왜 수업을 공개해야 하는가?"라는 질문에 새로운 답을 제시해 주기 때문이다.

지금까지 우리는 "왜 수업을 공개해야 하는가?"라는 질문에 수업은 사적인 것이 아니라 공적인 것이므로 공유되어야 한다는 것, 교실 수업 개선을 위한 것, 학부모와 관리자 등의 알 권리를 위한 것 등을 그 답으로 갖고 있었다. 앞에서 살펴보았듯이 이는 의무적이며, 강압적인 것으로서 교사들로부터 환영받지 못해 왔다.

그런데 수업이 수업예술이 될 수 있을 뿐만 아니라, 수업이 예술이 될 필요가 있다고 생각한다면 수업 공개는 선택이 아니라 필수이다. 왜냐하면 수업을 공개해야 수업예술을 해석할 수 있고, 해석이 이루어져야 수업예술로 존재할 수 있기 때문이다. 즉 수업 공개는 다른 어떤 목적을 위한 것이 아니라, 수업예술 그 자체, 자신의 존재를 위해 필요한 것이다.

여기서 우리는 또 다른 질문을 할 수 있다. 단토는 해석이 예술 작품의 정체성을 부여하는 세례와 같은 것이라고 하였는데, "그러면 해석은 정답이 있는가? 정확한 해석을 했을 때 예술 작품이 되고 그렇지 않으면 예술 작품이 되지 않는가?"라는 질문을 할 수도 있을 것이다. 단토는 대상 o는 오직 해석 I 아래서만 예술 작품이고, 이때 I는 o를 하나의 작품으로 변화시키는 일종의 함수, 즉 I(o)=W라고 하였다. 따라서 o가 지각적 상항이라고 해도 I에서의 변이들이 상이한 작품들을 산출한다고 하였다.[48] 이는 하나의 대상에 서로 다른 해석이 3개가 있으면 3개의 서로 다른 예술 작품이 산출된다는 뜻이다. 이것으로 볼 때 수업의 해석에는 정답이 있는 것은 아니다. 참관하는 사람에 따라서 다양한 해석이 가능하다.

수업예술에서 참관자들이 수업을 참관하는 방법에 대해 본격적으로 이야기하기에 앞서 살펴보아야 할 것이 한 가지 더 있다.

그것은 '예술적 동일시'이다. 단토의 '예술적 동일시'를 이해하기 위하여 빈센트 반 고흐의 '해바라기'를 예로 들어 보자. 이 작품을 감상하기 위해서 그림 앞에 서 있다고 가정해 보자. 감상자는 제일 먼저 뒤죽박죽 칠해져 있는 노란색 물감 덩어리를 '해바라기'로 볼 수 있어야 한다. 액자 앞에서 감상자가 그것을 그냥 물감 덩어리로 된 액자틀로 보아서는 감상이 제대로 될 수가 없다. 노란색 물감 덩어리를 해바라기로 여기는 것, 이것이 '예술적 동일시'이다.

단토는 '예술적 동일시'는 '이다'로 표현된다고 하였다. 그래서 고흐의 '해바라기'작품 앞에서 감상자는 '이것은 해바라기이다.'로 예술적 동일시를 하고 있는 것이다. 단토는 예술적 동일시에 의해서 물감 덩어리와 액자 등으로 이루어진 물리적 상대역들은 예술 작품으로 변한다고 하였다, 그래서 '예술적 동일시'를 '변용적 동일시'라고도 하였다.

우리는 수업을 보고 '예술적 동일시'를 할 수 있어야 한다. 수업을 예술로 보는 것은 수업을 과학으로 보는 것과 비교할 때 참관 방식에 엄청난 차이를 가져온다. 수업을 과학으로 보고 참관하는 것은 의사의 수술 장면을 참관하는 것에 비유할 수 있다. 의사의 수술 장면을 참관할 때는 매뉴얼대로 수술하는지, 계획대로 수술하고 있는지 등을 평가하거나 관련 수술 기술을 배우기 위해 참관할 것이다. 그러나 수업을 예술로 보고 참관할 때는 수업을 평가하기보다는 감상하고 해석하려고 할 것이기 때문에 수업을 해석하려면 '이 수업은 예술 작품이다.'라는 동일시가 이루어져야 한다.

다음은 교사가 공개 수업을 어떻게 참관하는 것이 좋은지에 대해 이야기해 보겠다.

앞에서 살펴보았듯이 공개 수업을 참관하는 교사는 이 수업이 수업예술임을 알아야 한다. 공개하는 수업이 수업예술임을 안다는 것은 해석할 준비가 되었다는 뜻이다. 공개되는 수업이 수업자에 의해 수업예술의 지위가 부여되었는지를 아는 방법은 배부된 팸플릿, 수업에 붙여진 제목, 수업자의 과거 이력 등을 통해서이다.

참관자는 공개되는 수업이 수업예술임을 알았다면 수업을 해석하여야 한다. 수업을 해석하기 위해서 참관자들은 교수·학습안에 의존하지 않는 것이 좋다. 앞에서도 말했지만, 교수·학습안은 수업을 해석하는 데 방해가 될 때가 많기 때문이다. 수업을 참관하면서 해석해야 할 것은 크게 3가지이다. 첫째는 수업의 일차적 의미인 학습 목표의 구현 방식에 대한 해석이고, 둘째는 수업의 이차적 의미의 해석이며, 셋째는 수업자의 수업 방식 즉 수업자의 수업 스타일과 스타일을 통해 교재관, 학생관 등을 해석해 내는 일이다. 그런데 세 번째 수업 스타일을 해석하는 것은 반드시 해야 하는 것은 아니다. 수업자를 잘 모르는 상황에서 스타일을 찾아내는 것이 쉽지 않기 때문이다.

이 수업은 무엇에 관한 것인가 즉 수업의 의미 또는 주제를 해석할 때는 교육사, 교육 철학, 교육 이론, 교육 지식 등에 근거한 것이어야 한다. 다시 말하자면 작품을 해석하는 것은 그 작품이 무엇에 관한 것인지, 그 주제가 무엇인지에 관한 이론을 제시하는 것이다.[49]

만약 교육 이론이 부족하다면 수업을 해석하는 데 어려움이 있을 것이다. 단토는 해석의 한계는 지식의 한계라고 말한 적이 있다. 수업을 해석하기 위하여 참관자가 교육 이론에 밝아야 함과 동시에 수업자도 그러한 교육 이론을 알고 있다는 믿음이 있어야 한다. 우리는 예술작품을 해석할 때 특별한 제한 조건으로서 예술가의 한계를 고려해야 한다.[50]

방금 말한 내용은 교육계가 안고 있는 하나의 난제를 해결하는 데 도움이 될 것이다. '교육을 전공하지 않은 사람, 즉 교사 자격증이 없는 사람이 단독으로 수업을 하는 것을 허용해야 하는가?'라는 난제이다.

난 이 질문에 답하기 위해서는 아서 단토가 실시한 사고 실험이 도움이 될 것으로 생각한다. 그의 사고 실험은 이러하다.

단토는 피카소가 자신의 넥타이 전체에 붓질 흔적이 남지 않게 매끈하고 세심하게 푸른색을 칠했다고 가정했다. 피카소가 넥타이에 붓 자국을 지운 것은 1950년대의 뉴욕 회화를 하나의 운동으로 규정지었던 회화성에 대한, 즉 물감과 붓 자국(또는 물감방울)의 신화화에 대한 거부였다. 피카소의 넥타이는 다른 거장들의 작품과 함께 전시되었다. 한편 어떤 어린아이가 자기 아버지의 넥타이 중에 하나를 골라서 피카소가 사용한 물감을 만든 제조사의 물감을 사용하여 푸른 물감을 칠하였는데, 그 아이는 멋지게 보이게 하려고 가능한 한 매끈하게 칠했다는 가정을 했다. 즉 피카소의 넥타이와 아이의 넥타이는 지각적으로 차이를 구분할 수 없었다. 단토는 지각적으로 주목할 만한 차이가 없더라도 피카소의 넥타이와 달리 아이의 넥타이는 예술 작품이 아니라고 했다. 아이의 넥타이가 피카소의 넥타이와 닮았다고 하더라도 회화에 있어서 아이의 넥타이는 피카소의 넥타이가 의미하는 것을 의미할 수는 없다고 했다. 이것이 가능해지려면 예술사에 대한 내면화가 있어야 하는데 아이에게서 그것을 기대할 수 없기 때문이다.

이 사고 실험을 앞에서 말한 교육의 난제에 적용해 보면 교육 이론에 관한 지식이 없는 사람이 교사가 한 수업과 똑같은 수업을 했다고 하더라도 그의 수업을 수업예술이라고 보기는 어렵다. 왜냐하면 그가 한 수업은 교육 이론에 바탕을 둔 것으로 보기 어렵기 때문이다. 그 수업을 해석하려면 교육 이론을 이용해야 하고, 이때 참관자는 수업자도 그러한 교육 이론을 알고 있다면 믿음이 있어야 하는데 교육을 전공하지 않은 사람에게는 그러한 믿음이 생기기 어렵기 때문이다.

좀 더 자세한 해석 방법에 대해서는 수업예술 비평에서 자세히 다루도록 하겠다. 다만, 여기서는 수업 감상록에 대해서만 간단히 살펴보겠다.

난 수업예술에서는 수업 참관록이라는 용어보다는 수업 감상록이라는 용어가 더 알맞다고 생각한다. 왜냐하면 참관록이라고 하면 중립적인 관찰의 느낌이 강하기 때문이다. 단토는 예술 작품을 중립적으로 보는 것은 곧 예술로서 보지 않는 것이라고 말하는 것과 같은 뜻이라고 했다. 수업 감상록이라는 용어는 작품을 해석한 것이라는 의미가 더 명확하게 드러나 있다. 수업 감상록의 양식으로 참고할 만한 것을 두 가지 제시하고자 한다.

〈양식 1〉은 참관자가 작성하기에 부담이 적은 것으로 수업의 의미와 그렇게 생각한 까닭을 쓸 수 있게 되어 있다. 〈양식 2〉는 〈양식 1〉보다는 전문화된 것으로 수업예술 비평에 가까운 양식이다. 두 양식을 참고하여 학교의 실정에 맞게 수정하여 사용할 수도 있을 것이다.

〈양식 1〉을 사용할 경우에는 '내용(의미)' 칸에는 수업의 일차적 의미나 이차적 의미를 해석하여 쓴다. 그리고 '형식(그렇게 생각한 이유)' 칸에는 교수 방법, 교수 전략, 교수 기법 등을 기술하면서 일차적 의미의 구현 방법을 설명하거나 이차적 의미라고 생각하게 된 이유를 적으면 된다.

〈양식 2〉를 사용할 때는 '일차적 의미(학습 목표)' 칸에 학습 목표를 구현하는 방식에 관해 쓴다. 구현 방식은 수업에 사용된 교수 방법, 교수 기법, 교수 전략 등을 기술하면 된다. '이차적 의미(학습 목적)' 칸에는 수업의 이차적 의미를 해석하여 쓰고, 그렇게 생각한 까닭을 교수 방법, 교수 전략, 교수 기법 등을 사용하여 설명하면 된다. 그리고 '수업 스타일(교육관, 교재관, 학생관)' 칸에는 교사의 수업 스타일을 파악하여 쓰고, 그것을 해석하여 교육관, 교재관, 학생관 등을 쓰면 되는 데 반드시 세 가지를 모두 기술해야 하는 것은 아니다. 그리고 〈양식 2〉를 사용할 때는 반드시 일차적 의미, 이차적 의미, 수업 스타일을 모두 써야 하는 것이 아니므로, 참관자가 해석할 수 있는 범위 안에서 해석하여 적으면 된다.

수업 감상록 양식 〈1〉

수업 감상록

감상자: ○○○

<table>
<tr><td>제목</td><td colspan="3"></td></tr>
<tr><td>교과</td><td></td><td>학년-학기</td><td></td></tr>
<tr><td rowspan="2">단원
(차시)</td><td rowspan="2"></td><td>수업자</td><td></td></tr>
<tr><td>수업일</td><td></td></tr>
<tr><td>학습
목표</td><td colspan="3"></td></tr>
</table>

구분	해석
내용 (의미)	
형식 (그렇게 생각한 이유)	

수업 감상록 양식 〈2〉

수업 감상록

감상자: ○○○

<table>
<tr><td>제목</td><td colspan="3"></td></tr>
<tr><td>교과</td><td></td><td>학년-학기</td><td></td></tr>
<tr><td rowspan="2">단원
(차시)</td><td rowspan="2"></td><td>수업자</td><td></td></tr>
<tr><td>수업일</td><td></td></tr>
<tr><td>학습
목표</td><td colspan="3"></td></tr>
</table>

구분	해석
일차적 의미 (학습 목표)	
이차적 의미 (수업 목적)	
수업 스타일 (교육관, 교과관, 학생관)	

수업예술 비평

수업예술 비평은 수업 협의회, 수업 컨설팅, 수업 코칭, 수업 성찰을 대체할 수 있는 것으로 수업예술에서 매우 중요한 위치를 차지하고 있다. 이혁규는 수업 비평을 수업을 기술, 분석, 해석, 평가하는 비판적이고 창조적인 글쓰기라고 하였다. 수업 비평도 하나의 창조적인 글쓰기이니만큼 수업 협의회나 수업 컨설팅, 수업 코칭 등과는 달리 그 자체로 하나의 작품으로 볼 수 있다. 수업 비평이 재미없으면 수업자의 책임이 아니라 비평가의 책임이다. 그리고 수업자는 자신의 수업에서 벗어나 또 한 명의 비평가로서 자신의 수업을 비평한 '수업예술 비평'을 읽을 수도 있다. 즉 수업자는 수업 컨설팅이나 수업 코칭처럼 수직적인 관계가 아니라 수평적인 관계에서 수업예술 비평의 내용을 수용하거나 거부할 수 있다. 이것은 수업예술 비평의 큰 장점 중의 하나이다.

아이즈너는 수업 비평을 작성할 때 '기술'(묘사), '해석', '평가', '주제화'를 포함하는 것이 좋다고 하였다. 그러나 이 네 가지는 반드시 들어가야 하는 것은 아니고, 반드시 기술-해석-평가-주제화의 순서로 기술되어야 하는 것도 아니라고 하였다.

난 아이즈너의 수업 비평에 단토의 예술론을 접목할 수 있는 방안을 생각해 보았다. 단토의 예술론은 '해석'과 '평가' 항목에서 빛을 발한다. 먼저 '해석'에 관하여 이야기해 보고자 한다. 앞에서 언급된 부분도 있지만, 비평가의 측면에서 좀 더 자세하게 이야기하도록 하겠다.

우리는 수업에서 첫째는 수업의 일차적 의미인 학습 목표의 구현 방식, 둘째는 수업의 이차적 의미, 셋째는 수업자의 수업 방식 즉 수업자의 수업 스타일과 스타일을 통해 교재관, 학생관 등을 해석해 내어야 한다.

다만, 수업자의 수업 방식 즉 스타일과 스타일을 통해서 본 교육관, 학생관, 교과관 등은 반드시 해석해 내어야 하는 것은 아니다. 수업예술 비평가가 해석이 가능하다면 수업예술 비평에 이것에 관해 쓸 수도 있지만, 해석에 어려움이 있다면 쓰지 않아도 무방하다. 그러나 수업자의 교육을 보는 시각을 확인하고자 할 경우에는 수업자의 스타일을 확인할 필요가 있다. 수업에서 수업자의 스타일을 발견하기 위해서는 수업자에 대한 이해도 필요하고, 수업을 나타난 미세한 장면을 놓치지 않는 마이크로적 접근도 필요하다.

일차적 의미인 학습 목표는 쉽게 알 수 있는 부분이므로, 의미를 해석하는 것에 초점을 두기보다는 학습 목표를 어떻게 구현했는가에 초점을 두어 해석해야 한다. 이차적 의미는 은유적으로 표현되어 있으므로, 의미의 구현 방식 즉 의미가 나타나게 되는 방식을 통해서 해석해야 한다. 다만 이때 비평가는 교육 이론에 관한 지식을 적용하여 파악해야 한다. 대표적인 의미의 구현 방식에는 교수 방법, 교수 기법, 교수 전략이 있다. 따라서 수업을 볼 때 비평가가 관심을 두어야 한 분야는 교수 방법, 교수 기법, 교수 전략이다.

교수 방법은 전달이나 문제 해결처럼 포괄적으로 목표에 도달하기 위한 접근 방법을 말한다.[51] 대표적인 교수 방법은 수업 모형이다. 회화에서는 그림을 보고 그 양식을 판단하게 되는데, 지금까지 교육계에서는 수업을 보고 적용된 수업 모형을 판단하는 것이 아니라, 거꾸로 수업 모형이 적용된 교수·학습안을 보고 수업이 그 모형대로 이루어지고 있는지를 평가해 왔다. 우리가 수업을 제대로 해석하고자 할 때는 교수·학습안을 보지 않고, 그 수업에 적용된 수업 모형을 판단할 수 있어야 한다. 수업에 적용된 수업 모형을 판단하는 것은 매크로 관점에서 수업의 '의미'를 파악하는 데 도움이 된다. 적용된 수업 모형은 객관주의적 교육 철학을 반영한 것일 수도 있고, 구성주의적 교육 철학을 반영한 것일 수도 있다. 더 세부적으로 행동주의적 교육 철학, 진보주의적 교육 철학, 인지적 구성주의 교육 철학, 사회적 구성주의 교육 철학 중에 어느 것에 해당하는지를 판단할 수 있는 근거가 되므로 매우 중요한 해석 거리가 된다.

이뿐만 아니라, 사용된 수업 모형은 마이크로 관점에서의 수업의 '의미' 해석에도 도움이 된다. A교사가 시행한 '사실과 의견을 구별하기'라는 주제의 국어 수업의 경우, '직접 교수법'을 수업 모형으로 사용하였다면 그가 의도한 수업의 의미는 기능과 관련된 것일 가능성이 크다. 만약 그가 '지식 탐구 학습 모형'을 수업 모형으로 사용하였다면 수업의 의미는 '경험'과 관련된 것일 가능성이 크다.

우리는 지금까지 수업을 참관할 때 교수·학습안을 보면서 수업이 수업 모형의 단계에 충실하지 못했음을 비판하거나, 차시의 학습 목표를 성취하는 데 수업자가 계획한 수업 모형이 적절하지 못하다는 비판을 주로 해왔다. 그러나 수업예술에서는 수업자가 수업 모형을 잘못 적용했다고 보기보다는 두 개의 수업모형의 특징이 동시에 반영된 것으로도 해석할 수 있다. 이는 어느 예술가의 작품이 재현적인 특성과 표현적인 특성을 동시에 지닐 수 있고, 매너리즘 양식과 바로크 양식의 특성을 동시에 지닐 수도 있는 것에 비유될 수 있다. 이러한 해석이 가능하기 위해서 수업예술을 참관하는 교사들은 교수·학습안에 의지하여 수업을 참관하기보다는 교수·학습안 없이 오로지 수업만을 관찰하면서 적용된 수업 모형을 탐색해 보는 것이 더 좋다.

교수 기법이란 목표 달성을 위해 결정한 교수 방법을 학생들에게 적용하는 데 있어 고안되는 특정한 수단을 의미한다.[52] 교수 기법에는 수업 자료, 수업 형태, 수업 아이디어 등이 포함된다. 활동 안내서이나 작업 지시서처럼 되어 있는 수업 자료를 사용한다면, 이 수업의 '의미'는 객관주의적 교육 철학과 관련되어 있을 가능성이 크다. 만약 수업 자료로 '생각 나눔판'을 사용했다면 수업의 의미는 사회적 구성주의적 교육 철학과 관련된 것일 가능성이 크다. 한편 칠판을 정면으로 바라보는 일제식 좌석 배치를 한 경우는 수업의 의미가 교사 중심의 객관주의적 교육 철학과 관련을 맺고 있을 가능성이 크며, 4인 모둠 위주로 좌석 배치를 하였다면 구성주의적 교육 철학과 관련성이 높을 것이다. 각종 수업 아이디어도 마찬가지이다. 토론을 활성화하기 위한 신호등 토론 기법을 사용한 경우, 협동학습 기법을 사용한 경우, 과제를 다 수행한 학생의 개인별 검사 맡기를 강조한 경우 등에서도 각각 수업의 '의미'를 해석해 낼 수 있을 것이다.

교수 전략은 교수 방법과 교수 기법의 조화를 의미한다. 즉 교사가 목표를 달성하기 위해 교수 기법을 조직하는 방식을 의미하는 것이다. 어떠한 시점에서 어떠한 교수 기법을 투입할 것인지를 결정하는 것이 교수 전략이다.[53]

수업에서의 교수 전략은 단토가 예술에서 말하는 '수사'와 깊은 관련이 있다. 단토는 관람자가 주제를 특정한 시각에서 보게 만드는 것이 수사법의 기능이라고 했다. 수업예술에서 교사는 활동 순서의 변화, 활동 시간의 조정, 활동 반복 등의 수사법을 활용할 수도 있다. 이러한 것은 교수 전략이자, 단토가 말하는 수사의 한 예이다. 교사는 마땅히 자신이 부여한 의미가 담긴 부분을 강조하고자 할 것이고, 이는 활동의 반복, 더욱 긴 활동 시간, 도치된 활동, 디테일한 학습 자료 등으로 강조할 수 있을 것이다. 참관자는 당연히 이런 부분에 주의가 집중될 것이고, 그 부분이 전체의 의미에 어떤 역할을 하는지 해석하고자 할 것이다. 다만, 이러한 교수 전략은 학습자와는 무관하게 참관자만을 위한 전략이어서는 안 된다. 예를 들어 학습자가 학습할 순서의 변화, 학습자의 활동 시간 조정, 교사나 학습자의 활동 반복 등이 교수·학습 과정에서 자연스럽게 구현되어야 하는데, 교사가 참관자 앞에 와서 특정 단어를 반복하여 말하는 것 등을 통해 주제를 부각하려고 하는 것은 적절하지 못하다. 이러한 수업자의 행동은 해석해야 할 교수 전략에 해당하지 않는다.

이러한 교수 방법, 교수 기법, 교수 전략은 교육 이론과 관련되는 것으로써 교육사와 교육 이론 관련 지식을 통해 수업의 의미와 연결할 수 있다. 반면에 수업자의 개인적인 수업 방식은 교육 이론으로 밝히기는 어렵다. 예술 철학에서는 이를 개인 양식이라고도 하는데 단토는 그것을 '스타일'이라고 하였다. 단토가 말하는 스타일은 수업에서도 나타나는데 교육 이론으로 밝혀낼 수 있는 것이 아니어서 수업자의 수업 스타일을 해석해 내는 것은 쉬운 일이 아니다. 그러므로 수업예술 비평에서 반드시 해석해 내야 하는 것은 아니다.

만약 우리가 한 교사의 수업을 여러 차례 반복해서 본다면 그 교사의 수업에서 일관되게 관찰되는 수업 스타일을 발견하게 될 것이다. 교사의 수업 스타일을 음악에 비유하자면, 어떤 교사는 4박자의 뚜벅뚜벅 황소걸음처럼 수업하고, 또 어떤 교사는 3박자의 경쾌한 왈츠풍으로, 또 다른 교사는 끊임없는 변박으로 정신없이 휘몰아치는 폭풍우 같은 수업을 하고 있음을 관찰할 수 있을 것이다. 이것은 스타일의 한 예시에 불과하다. 스타일은 다양한 형태로 나타날 수 있다.

단토는 방법과의 비교를 통하여 스타일의 개념을 명확히 하고 있다.

스타일은 재능이며, 겉으로 볼 때 특별한 차이를 발견할 수 없을지라도 근본적으로 방법은 배울 수 있는 것이다.[54] 즉 스타일은 기술이나 지식의 매개 없이 수행될 수 있는 타고난 재능이며, 방법은 지식과 기술을 배워 수행될 수 있는 것이다.

우리가 수업 연구 교사의 수업을 참관하고 난 후에 흔히 하는 말로 "난 저 교사처럼 도저히 할 수 없어."라고 할 때, 이 말은 "나에게는 저 교사가 가진 그러한 재능은 없어."라는 말로 대치될 수도 있을 것이다. 단토는 스타일은 일시적이고 덧없는 유행과는 대조된다고 하였다. 즉 그 사람의 수업에 일관되게 나타나는 개인적인 수업 방식이 스타일이다.

교사의 수업 스타일은 외부에서 인상학적으로 감지되는 것으로 스타일의 구조는 성품의 구조와 비슷하다. 수업에 나타난 수업자의 스타일을 파악하기 위해서 비평가는 더욱 섬세할 필요가 있는데 이는 어떤 사람의 분위기나 성격을 파악하는 것과 비슷하다. 성격 파악과 관련된 하나의 예화를 제시하고자 한다. 관람한 지 오래되어서 영화 제목과 주인공 이름은 생각나지 않는데, 그 장면은 생생하다.

여자 주인공은 남자친구가 초대한 파티에 참석하기 위하여 곱게 차려입고 들뜬 마음으로 택시에 오른다. 그런데 얼마 가지 않아서 휴대전화가 울리고 그녀는 어머니의 갑작스러운 사망 소식을 듣는다. 그녀는 슬픔으로 펑펑 운다. 그러나 이내 눈물을 멈추고 다시 거울을 꺼내어 화장을 고친다. 그녀의 표정이 다시 밝아진다.

이 장면에서 우리는 여자 주인공의 성격을 짐작할 수 있다. 여자 주인공의 성격을 다양한 말로 표현할 수 있겠지만 '단순하고 즉흥적이다.'라고도 표현할 수도 있을 것이다. 이러한 성격 파악은 이론적으로 설명할 수 있는 부분이 아니다. 수업에서 교사의 스타일은 학생들의 정리된 공책, 교실 환경 구성, 교사의 말과 행동, 학생을 대하는 태도, 학생들이 교사를 대하는 태도 등을 통해 마이크로 관점에서 파악하는 것이 중요하다.

수업을 참관할 때 스타일은 수업예술의 의미를 파악하기 어렵게 만드는 요인으로 작동할 수도 있으나, 스타일을 파악하는 것은 수업을 감상하는 즐거움 중의 하나이다. 수업예술 비평가는 수업에서 수업자의 스타일을 밝혀내는 것에 그치는 것이 아니라, 관찰한 개인적인 수업 방식 즉 스타일을 통해 교육관, 교과관, 학생관 등을 해석해 낼 수 있기 때문이다.

'평가'는 수업예술에서 단토의 예술론을 가장 많이 반영한 항목 중의 하나이다. 일반 수업 비평에서는 수업의 가치 판단, 가치 평가를 중요하게 생각하고 있으나, 단토는 예술론에서는 '평가' 요소가 축소된다. 기본적으로 어떤 예술 양식이 다른 예술 양식보다 우위에 있다고 보지 않기 때문이다. 물론 이러한 단토의 견해에 대해서는 비판도 있는 것이 사실이지만, 이러한 예술비평에서의 단점은 수업 비평에서는 오히려 장점이 될 수 있다고 본다.

단토의 '평가'에 대한 생각을 읽으려면 단토의 예술의 종말론을 살펴보아야 한다. 단토는 슈퍼마켓에 있는 것과 지각적으로 전혀 구별이 안 되는 앤디 워홀의 「브릴로 상자」가 예술 작품으로 인정되면서 모든 것이 예술이 되는 시대를 맞이하게 되었으며, 예술이 무엇인지를 고민하던 예술의 시대는 종말을 맞게 되었다고 하였다.

> 예술의 종말 이후의 예술가들은 미술사의 구속에서 벗어나 자신이 원하는 대로 예술 작품을 제작할 수 있게 되며, 바로 이런 이유로 컨템퍼러리 미술은 다원적 성격을 띠게 되는 것이다. 예술의 종말 이후에는 어떠한 미술도 다른 미술보다 더 큰 역사적 위임을 받을 수 없다. 이제는 역사적 위임을 받은 특정한 예술 형식이 있을 수 없기 때문이다. 역사 이후에 미술사의 네러티브들은 미술사에 대한 하나의 무역사적 독서에 이르게 되는 바, 이 속에서는 모든 미술이 본질적으로 동일하다.[55]

단토는 어느 예술 이론이 다른 예술 이론보다, 어느 한 예술 양식이 다른 예술 양식보다 우수하다고 볼 수 없으며, 모든 예술이 본질적으로 동일하다고 본 것이다. 수업예술에도 이 논리를 적용해 보면, 구성주의 교육 이론이 객관주의 교육 이론보다 우수하다고 보기 어려우며, 문제 해결 중심 수업 모형이 직접 교수법보다 우수한 수업 모형이라고 보기가 어렵다. 이들은 모두 장단점을 두루 가진 본질적으로 동일한 것이다. 따라서 단토 입장에서 생각해 본다면, 구성주의 교육 이론을 신봉하는 비평가가 객관주의 교육관에 의한 수업을 평가 절하하는 것은 맞지 않다고 볼 수 있다. 그와 반대의 경우도 마찬가지이다. 단토의 시각에서 바람직한 평가는 그 수업이 본래 의도한 의미를 얼마나 제대로 구현하고 있는가를 기준으로 하여 이루어지는 평가이다. 따라서 수업예술 비평에서도 수업은 이러해야 한다는 식의 비평가가 개인적으로 신봉하는 교육 이론을 앞세워 수업을 등급 매기거나 그 가치를 평가하는 것은 바람직하지 않으며, 오직 수업의 의미를 얼마나 제대로 구현했는지에 초점을 맞추어 평가해야 할 것이다.

그러나 이조차도 신중할 필요가 있다. 단토는 해석의 한계는 지식의 한계라고 하였다. 비평가는 자신이 내린 수업에 대한 부정적인 평가가 자기 자신의 지식의 한계 때문일 수도 있기 때문에 수업에 대한 평가를 내릴 때는 신중해야 한다.

수업예술 비평에서 '평가'에 대한 신중한 접근의 필요성은 심영택의 연구에서도 찾을 수 있다. 심영택은 대부분의 비평 초보자들은 지엽적인 부분에 주목하고 '기술'과 '분석', 그리고 '해석'은 생략한 채 수업 동영상을 '관찰'하자마자 바로 '평가'로 달려가는 경향을 보인다고 평가하고 있다. 그 결과 비평이라기보다는 비난이나 비판에 가까운 목소리가 많으며, 비난하거나 비판하는 방식이 아닌 비평하는 방법을 배우기 위해서는 이러한 습관에 대한 근본적인 성찰이 필요하다고 진단하였다.[56] 이혁규도 '수업비평가의 시선'에서 자신 또한 '관찰'하자마자 자연스럽게 '평가'로 달려가는 경향에서 벗어날 수 없다고 고백한 바가 있다. 이러한 수업 비평에서의 '평가'는 수업자가 자신의 수업 공개를 꺼리는 이유이기도 하다. 이처럼 수업예술 비평에서 부정적인 평가를 하거나 가치 등급을 매기는 것에는 특히 신중할 필요가 있다.

아이즈너의 비평에 대한 항목 중에는 '해석'과 '평가' 외에도 '기술'과 '주제화'가 더 있다.

기술은 어떤 장소나 어떤 일의 진행 과정을 독자가 그려볼 수 있도록 해 준다.[57] 아이즈너는 기술은 묘사하는 일, 어떤 현상이나 경험을 생생하게 그려내고자 하는 것이라고 하였다. 이혁규는 모든 수업 장면이 비평의 대상이 되는 것도 아니기에, 그리고 비디오로 녹화된 수업은 언제든지 재생이 가능하기에 수업 장면 모두를 일일이 기술할 필요가 없다고 하였다. 기술하는 능력은 매가 사냥감을 채듯, 비평하고자 하는 핵심 장면을 포착하여 그 내용을 기록하는 일이기에 상대적으로 쉬운 편이라고 하였다.[58] 기술과 해석은 순차적으로 일어나는 것도 아니고 쉽게 분리될 수 있는 것도 아니다. 우리가 기술을 할 때 동시에 해석이 일어나기도 한다.[59]

주제화는 일반화라는 용어와 맥을 같이하는 것으로서 수업으로부터 주된 아이디어나 결론을 끌어내는 것이다. 수업예술 비평에서는 수업의 의미(주제)를 끌어내는 것 즉 해석을 통하여 주제화를 할 수 있다.

현재 대부분의 초등학교에서는 교사들이 일 년에 최소한 한 번씩은 수업을 공개하고 있다. 모든 교사들의 공개 수업에서 수업예술 비평가를 활용하여 수업예술 비평을 하는 것은 현실적으로 힘들다. 그 수를 줄여서 일 년에 학년당 한 명의 교사 또는 저·중·고학년 각 한 명의 교사를 대상으로 수업예술 비평을 한다고 가정하더라도 시교육청 전체로 보면 그 수가 엄청나므로 수업예술 비평가를 초대하여 수업예술 비평을 하도록 하는 것은 쉬운 일이 아니다. 수요에 비하여 비평가의 수가 부족하기 때문이다.

오늘날 수업예술 비평가로 활동이 가능한 사람의 유형에는 대학교수, 교육 전문직, 수석교사, 수업 연구 교사, 교감·교장 등이 있는데, 이들조차 수업예술 비평가로서의 활동은 쉽지 않은 편이다. 지금까지 수업 비평에 관한 책에 소개된 여러 유형의 수업 비평은 형식 면에서나 접근 방법적 측면에서 교사들이 활용하기에는 높은 난이도로 인하여 쉽지 않은 편이다. 교육 전문직, 수업 연구 교사, 수석 교사 등이 수업 비평에 쉽게 접근할 수 있도록 몸집을 줄일 필요가 있다. 또한 대부분의 학자는 수업 비평을 위해서 수업 비평가들에게 '교육적 감식안'을 갖출 것을 요구하고 있는데, 이것도 교사들이 수업 비평을 하는 데 있어서 장벽으로 인식되고 있다.

따라서 수업 비평을 교육 현장에서 활성화하려면 수업 비평의 진입 장벽을 낮출 필요가 있다. 그런 차원에서 '교육적 감식안'과 '수업 비평의 내용과 형식'에 대하여 이야기해 보고자 한다.

아이즈너는 지각 대상들 사이에 존재하는 미묘한 질적 차이를 잘 구별하는 능력을 감식안이라고 부르고 있다. 그리고 감식안의 개념을 더욱 쉽게 설명하기 위하여 '포도주 감식가'를 예로 들어 설명한다. 포도주 감식가는 포도주를 감식하기 위하여 포도주의 맛, 색깔, 냄새뿐만 아니라 포도 농사와 포도주 제조에 관한 일반적인 사항도 반드시 알아야 한다고 했다.[60] 이러한 감식안은 교육 현장에도 적용될 수 있는데 아이즈너는 이를 '교육적 감식안'이라 부르고 있다. 따라서 '교육적 감식안'을 가진 사람은 교육 현장에서 관찰할 수 있는 일상적인 것들 사이에 존재하는 미묘한 질적 차이를 감지할 수 있을 것이라는[61] 것이 그의 견해이다.

우리는 아이즈너의 교육적 감식안이 미묘한 질적 차이를 감지하는 능력을 강조하고 있다는 사실에 주목할 필요가 있다. 이러한 감식안은 보통의 교사가 갖추기 어려운 것, 일부 특별한 사람만이 가질 수 있는 능력이라는 생각을 갖게 만든다. 수업 비평의 전제 조건, 수업 비평을 위해서 갖추어야 할 조건으로서의 교육적 감식안은 교육 현장에서의 수업 비평의 활성화를 어렵게 하는 원인으로도 작동하고 있다고 보인다. 특히 교육적 감식안의 영역을 매우 넓게 잡고 있는데, 의도적인 차원, 구조적인 차원, 교육과정 차원, 수업 차원, 평가 차원의 다섯 가지 감식안을 모두 갖춘다는 것은 매우 힘들어 보이며, 수업자의 학교에 근무하지 않는 외부 수업 비평가가 이러한 다섯 가지 차원의 교육적 감식안을 갖고 수업을 비평하기 위해서는 많은 시간과 노력이 필요해 보인다. 다시 말하자면 이 다섯 가지 차원에서 수업을 기술하고 분석하고 해석하는 것은 매우 방대한 작업량으로 볼 수 있다. 따라서 수업 비평이 교육 현장에 광범위하게 자리를 잡기 위해서는 다섯 가지 차원 중에 수업 차원 한 가지에 초점을 맞춰 기술하고 해석함으로써 수업 비평에 대한 부담을 줄일 필요가 있다.

그런데 단토는 예술 작품을 해석하기 위하여 별도의 특별한 능력을 요구하는 것 같지는 않다. 해석은 예술사에 대한 지식, 예술 이론에 관한 지식, 예술 개념에 관한 지식이 있는 사람이면 누구나 가능하다. 즉 해석은 일반 감상자나 독자, 비평가 모두에게 적용되는 것이며, 비평가에게 요구되는 특별한 능력을 이야기하는 것 같지는 않다.

기본적으로 수업예술 비평은 정해진 형식 없이 수필처럼 자유롭게 쓸 수 있으나, 교육 현장에서의 활용도를 높이고 일반 교사들의 수업예술 비평에 대한 접근성을 높이기 위해서는 수업예술 비평의 내용과 형식을 이야기할 필요가 있어 보인다.

일반적으로 수업예술 비평은 제목과 부제목을 함께 쓸 수도 있고, 제목만 쓸 수도 있다. 수업 비평의 제목도 수필, 소설, 논문, 독서 감상문의 제목과 크게 다르지 않다. 부제목은 "최○○ 교사의 국어 수업 '수업은 아름다워'를 참관하고"와 같은 방식으로 붙일 수도 있다.

수업 비평의 내용과 형식을 알아보기 위해서는 처음, 가운데, 끝으로 나누어 살펴보는 것이 도움이 된다. 처음 부분에 들어갈 수 있는 내용으로는 ①참관하게 된 동기, ②첫인상(교사, 학생, 교실 등), ③수업의 맥락(관련 교육 과정 내용, 단원의 성격, 선수 학습, 사전 학습, 후속 학습 등), ④문제 제시(수업의 의미 해석, 수업자의 교육을 보는 관점 파악 등) 등이 있다. 가운데 부분에 들어갈 수 있는 내용으로는 ①수업의 일차적 의미(학습 목표) 구현 방법, ②수업의 이차적 의미(수업 목적 등) 해석, ③수업자의 수업 스타일, 교육관(교재관, 학생관) 등이 있다. 끝부분에 들어갈 내용으로는 ①

수업의 의미와 수업자의 교육관 정리, ②수업의 교육적 시사점 또는 수업의 교육적 가치, ③수업자에 대한 기대나 감사 등이 있다.

수업 비평의 처음 부분과 끝부분은 일반적인 글쓰기와 크게 다르지 않으므로 생략하도록 하고, 가운데 부분의 서술 방법에 대해서 자세하게 알아보도록 하겠다.

수업의 일차적 의미인 '학습 목표'는 학생들과 참관자들에게 명확하게 주어지는 것이기 때문에, 굳이 해석하지 않아도 쉽게 알 수 있는 경우가 대부분이다. 다만, 그 학습 목표를 학생들에게 성취시키기 위해 선택한 수업 모형, 교수 전략, 교수 기법 등을 해석해 내고, 그것의 적절성과 효과에 대해 언급할 필요가 있다. 이때 수업예술 비평가는 교수·학습안을 보지 않고, 현장 수업과 녹화된 수업 영상을 보면서 수업을 분석하는 것이 중요하다. 수업예술 비평가는 수업자의 눈으로 수업을 보는 것이 아니라 비평가의 눈으로 수업을 봐야 하기 때문이다. 또한 수업 평가는 교육 이론에 관한 지식을 활용하여 해석하는 것도 중요하다.

수업의 이차적 의미(학습 목적)는 '무엇이 무엇이다.', '무엇이 어떠하다.', '무엇이 어찌하다.'의 명제로 나타낼 수 있으며, 비평가는 '무엇'과 '무엇이다, 어떠하다, 어찌하다.'를 해석해 내어야 한다.

비평가는 우선 수업이 '무엇'에 관한 것인가를 먼저 밝히는 것이 좋다. 수업의 이차적 의미는 은유적으로 구현되어 있기 때문에 그것을 포착해 내는 것은 쉬운 일이 아니다. 그래서 비평가는 수업이 '무엇'에 관한 것인지에 파악하기 위하여 여러 단서를 활용할 필요가 있는데,

앞에서 언급한 적이 있지만 다시 한 번 이야기하면 다음과 같다.

그 첫 번째 단서는 제목에서 찾을 수 있다. 수업의 제목이 '토론의 바다'였다면 그 수업은 토론에 관한 것일 가능성이 크다. 두 번째 단서는 '수업의 흐름' 즉 적용된 수업 모형에 있을 수 있다. 수업자가 적용한 수업 모형이 '토의·토론 학습 모형'이라면 그 수업은 토론에 관한 것, 또는 의사소통 능력에 관한 것일 가능성이 크다. 세 번째 단서는 교수 기법에 있다. 수업자가 '신호등 토론' 기법을 사용하고 있었다면 그 수업은 '토론'에 관한 것일 수 있다. 네 번째 단서는 교수 전략에 있다. 수업자는 어떤 활동에 가장 중점을 두고 있는지를 파악한다면 그 단서를 찾는 데 도움이 될 것이다. 다섯 번째 단서는 교사의 발문이다. 교사는 자신의 발문을 통하여 직접적으로 자신의 수업의 의미를 언급하지는 않겠지만, 그의 발문에서 특히 강조하는 활동이나 중요시하는 활동을 찾을 수도 있을 것이다. 비평가는 다섯 가지의 단서를 모두 확인할 필요는 없지만, 이러한 단서들로부터 이 수업은 '무엇'에 관한 것인지를 알아내어야 한다.

이 수업이 '무엇'에 관한 것인지가 밝혀졌으면, 수업의 의미는'무엇이 무엇이다(어떠하다, 어찌하다).'는 문장의 형태로 진술될 수 있도록 해석해야 한다. '무엇이 무엇이다(어떠하다, 어찌하다).'라는 수업의 의미는 마이크로 관점뿐만 아니라, 매크로 관점에서도 파악하도록 해야 한다. 수업의 총제적인 구조가 이 의미로 설명될 수 있어야 하기 때문이다.

세부 수업 장면을 묘사하는 것은 수업을 마이크로 관점에서 분석하고 해석하는 데 도움이 될 것이나 지나치게 마이크로 관점에 의지하는 것은 바람직하지 않다. 마이크로 관점과 매크로 관점 모두를 적절히 활용하는 것이 바람직할 것이다.

수업예술 비평가가 수업의 의미를 해석하는 데 어려움을 겪는 이유 중의 하나가 스타일 파악의 어려움이다. 수업자의 수업하는 방식은 수업자의 교육관, 교과관, 학생관 등에 의존한다. 따라서 수업예술 비평가는 수업자의 수업 방식 즉 스타일을 파악함으로써 수업자의 교육관, 교과관, 학생관 등을 해석해 낼 수 있다. 그렇지만 앞에서도 말한 바와 같이 모든 수업예술 비평에 반드시 수업자의 스타일과 교육관, 학생관 등을 포함해야 하는 것은 아니다. 모든 수업에서 수업자의 스타일을 파악할 수 있는 것이 아니기 때문이다.

수업에서 수업자의 개성 즉 스타일은 어떤 의미를 갖는가? 이 질문은 스타일이 수업예술 비평에서 다룰 만한 가치가 있는 것인지를 판단하는 데 도움이 된다. 지금까지 교육계에서는 교사들 수준의 평준화 또는 교사들의 수준을 일정한 기준까지 끌어올리는 데 관심이 컸다. 공교육이라는 측면에서 교사들의 수준을 평준화시킨다는 것은 교육의 공정성을 담보한다고 보았기 때문에 당연한 것으로 받아들여졌다. 그러다 보니 교사들의 교육 방법은 표준화되고 획일화되는 경향이 뚜렷해졌다. 교육 방법의 표준화와 획일화는 교사들 수준의 평준화와 공교육의 공정성에는 기여할 수 있었지만, 한편으로는 교육 발전의 걸림돌이 되기도 하였다. 교육 방법의 표준화와 획일화는 교사들을 형식적 매너리즘에 빠뜨려서 교육을 한 단계 업그레이드시키려는 시도조차 어렵게 만들었다.

교육 방법의 표준화를 추구할 때는 수업에서의 교사의 개성 즉 스타일은 지양해야 할 사항이었다. 실제로 과거에는 교사의 목소리 톤, 빠르기, 발문 후 생각할 시간의 길이, 칠판 판서 시 글자의 크기 등을 매뉴얼로 만들어 신규 교사들에게 연수시키기도 하였다. 그러나 수업예술에서 교사의 스타일은 교사 그 자신으로 보기 때문에 수업에 교사의 스타일이 나타나는 것을 당연한 것으로 보고 있다.

단토는 수사법은 표상과 청중의 관계에 관한 것이며, 스타일은 표상과 그 표상을 만든 사람과의 관계에 관한 것이라고 하였다. 단토의 생각을 수업예술로 옮겨 보면 교사의 스타일은 수업과 수업자의 관계에 관한 것이고 교사는 본인의 스타일에 의해 수업에서 자기 자신을 표현한다고 볼 수 있다. 수업에서 자기 자신을 억눌러 나오지 못하게 하는 것과 자기 자신을 표현하는 것은 교사 입장에서는 큰 차이가 있다. 교사 입장에서 어떤 수업을 원할지는 분명해 보인다.

또한 단토는 스타일과 방법 간의 차이도 설명하는데, 스타일은 재능이어서 기술이나 지식의 매개 없이 수행될 수 있고, 방법은 지식과 기술로 배울 수 있는 것이라고 하였다. 이 둘은 겉으로 볼 때는 특별한 차이를 발견하지 못할 수도 있다고 하였다. 따라서 수업에서 수업자의 스타일을 파악하려면 수업 방식에서 방법을 뺀 나머지 것이 무엇인지 살펴보아야 한다.

앞에서 살펴본 바와 같이 수업예술 비평에 있어서 수업자의 스타일을 파악하는 일은 가장 어려운 일 중의 하나이다. 수업자의 수업 방식,

스타일은 수업자 본인도 의식하지 못한 가운데 수업에 반영되는 것이고, 교육 이론에 관한 지식으로 파악할 수 있는 것이 아니기 때문이다.

수업자의 스타일을 파악하는 일은 그 사람의 인격이나 성품을 알아내는 일과 비슷하다. 인격이나 성품은 그 사람의 말 한 마디나 행동 하나로 파악할 수 있는 것이 아니다. 그 사람의 어느 부분에서 나오는지는 확실하지 않지만 은은하게 배어 나오는 향기와 같은 것이다. 따라서 수업자의 수업 스타일을 파악하기 위해서는 수업자의 다른 수업을 더 보거나, 평소 교실에서의 생활을 통해 파악하는 것이 효과적이다. 그러나 현실적으로 볼 때 그렇게 하는 것은 쉽지 않다. 어떻게 하든지 한 시간의 공개 수업을 보고 수업자의 수업 스타일을 파악하고 그 스타일을 통해 수업자의 교육을 보는 시각, 학생을 보는 시각, 교과를 보는 시각을 해석해 내는 것이 더 현실적이다. 수업예술 비평가는 수업 시간 내내 일관적으로 나타나는 교사의 태도에 주목할 필요가 있다. 그중에서도 의미의 구현을 위해 수업자가 배운 방법론에 의한 것들은 제외하고, 몸에 밴 습관처럼 자신도 모르게 품어져 나오는 것들에 초점을 맞추어야 할 것이다.

지금까지 수업예술 비평을 쓰는 방법에 관해 설명하였지만, 부족함이 많았을 것으로 생각된다. 그 부족함을 보충하기 위하여 나의 졸작인 수업예술 비평 두 편 '상처받지 않는 교실'과 '문단과 글의 관계'를 수록하고자 한다.

공교롭게도 두 편의 수업예술 비평의 이차적 의미가 일차적 의미인 학습 목표와 무관한 것처럼 보이기도 한다. 그러나 비평을 읽어 보면 알겠지만, '상처받지 않는 교실'과 '문단과 글의 관계'라는 수업의 이차적 의미에는 학습 목표에 대한 수업자의 교육 관점이 포함되어 있다. 그것이 분명하게 드러나지 않은 것은 나의 비평의 한계라고 보아야 할 것이다.

수업예술은 순수 예술이 아니고 응용 예술이다. 앤디 워홀의 브릴로 상자는 수세미를 담을 수 없어도 상관없지만, 슈퍼마켓에 진열된 제임스 하비의 브릴로 상자는 수세미를 담을 수 있어야 한다. 응용 예술로서의 수업예술은 당연히 교육이 이루어져야 하고, 이차적 의미가 아무리 잘 구현되어 있다고 하더라도 그것이 교육과 무관하다면 수업예술이라고 할 수 없다. 이차적 의미와 일차적 의미의 관계를 생각하며 읽는 것도 수업예술 비평의 좋은 감상법이라고 생각한다.

수업예술 비평 〈1〉

상처받지 않는 교실

김장수

<table>
<tr><td>제목</td><td colspan="3">'같이'의 가치</td></tr>
<tr><td>교과</td><td>도덕</td><td>학년-학기</td><td>6 - 1</td></tr>
<tr><td rowspan="2">단원
(차시)</td><td rowspan="2">2. 작은 손길이 모여
따뜻해지는 세상(3/4)</td><td>수업자</td><td>서○○</td></tr>
<tr><td>수업일</td><td>2022. 5. 11. (수)</td></tr>
<tr><td>학습
목표</td><td colspan="3">진정한 봉사를 바르게 판단하고 필요한 마음가짐을 기른다.</td></tr>
</table>

1. 시작하며

"우리 수업을, 귀한 시간을 내어 보러 오신 교장·교감 선생님께 인사 드리겠습니다. 인사."

"차렷! 선생님께 인사. 안녕하세요?"

수업 감상을 위해 교실에 들어섰을 때 S교사와 학생들은 우리를 반갑게 맞아 주었다. 수업 감상을 위해 교실을 방문했을 때 수업자의 반응은 다양하다. 어떤 교사는 눈을 마주치지 않기 위해 시선을 피하기도 하고, 어떤 교사는 가벼운 목례나 눈인사를 건네기도 한다. 그리고 S교사처럼 인사를 나누는 시간을 갖기도 한다. 어느 것이 더 좋다고 말할 수는 없겠지만, 서로 인사를 나누는 시간을 갖는 것도 좋았다. 나의 교실 방문을 허용하고, 환영한다는 인상을 받았기 때문이다.

"'같이'의 가치"라는 제목이 붙여진 S교사의 6학년 도덕 수업은 '2. 작은 손길이 모여 따뜻해지는 세상'이라는 단원의 3차시였다. 이 단원은 1차시가 봉사의 필요성, 2차시는 훌륭한 봉사 사례, 3차시는 진정한 봉사의 의미, 4차시는 봉사의 실천으로 구성되어 있었다. 이 단원은 '봉사의 의미와 중요성을 알고, 주변 사람들의 처지를 공감하여 도와주려는 실천 의지를 기른다.'라는 교육 과정 성취기준을 교육하기 위한 단원이다.

난 이 수업을 세 가지 차원에서 분석하고 해석하고자 한다. 첫째는 수업의 일차적 의미인 '학습 목표' 성취를 위해 어떤 수업 모형을 사용하고 어떤 전략과 기법을 사용했는지 밝히고, 그 의의를 이야기하고자 한다. 둘째는 수업에 은유적으로 표현된 수업의 이차적 의미를 수업 모형, 교수 기법, 교수 전략 등을 통해 해석하고자 한다. 마지막으로 수업자의 교육관과 학생관을 찾아내어 수업에 대한 이해를 높이고자 한다.

2. 일차적 의미: 진정한 봉사란 무엇인가?

이 수업은 개념 분석 수업 모형이 적용된 수업으로 판단된다. 개념 분석 수업 모형은 '분석될 가치 개념의 확인-개념의 전형적인 사례와 반대되는 사례 찾기-개념의 경계에 해당하는 사례 확인-개념과 관련된 개념의 분석-가상적인 사태에의 적용-분석된 의미의 수용 여부 검토와 정리'의 단계로 되어 있다.

S교사는 진정한 봉사의 의미에 대해 알아보자는 학습 문제를 제시한 후, 사전에 학생들이 촬영한 동영상 네 편을 시청하도록 하였는데, 여기에는 봉사의 정례와 반례가 담겨 있었다. 이 예화 동영상을 통하여 진정한 봉사의 외연과 내포를 검토하면서 서로 의견을 교환하도록 하였다. 그다음에 교사는 동영상 〈1분의 배려〉를 보여주면서 진정한 봉사의 의미를 학생들이 정리할 수 있도록 하였다. 그것을 바탕으로 학생들은 자신의 생활에서 실천할 봉사 계획을 수립하고 그것을 발표하였다.

S교사의 수업은 그 흐름으로 볼 때 '개념과 관련된 개념의 분석'과 '분석된 의미의 수용 여부 검토'의 과정은 생략되었으나, '진정한 봉사'의 의미를 알고 내면화하는 학습 목표의 성취에는 지장이 없어 보였고, 오히려 단계를 축소함으로써 개념 정리를 더 명확하게 할 수 있었다는 생각도 들었다.

S교사는 '봉사를 어떻게 해야 하는가?' 또는 '봉사를 어떤 마음가짐으로 해야 하는가?'라는 물음에 대한 답은 '진정한 봉사'에 있다고 생각한 듯하다. 봉사의 마음가짐은 '생각하기 나름'이 아니라, 보편적인 원리가 있다고 보고, 이는 '진정한 봉사'라고 본 것이다. 그래서 수업자가 개념 분석 수업 모형을 선택한 것으로 생각된다. 개념을 명확히 하는 것은 각종 도덕적 판단 사태에서 판단하는 데 도움이 되므로 이 수업 모형을 선택한 것은 적절한 판단이었다고 생각된다.

S교사가 사용한 교수 기법 중에는 특히 '인터뷰 동영상'이 주목받았다. 그는 봉사의 정례와 반례를 제시하는 방법으로 같은 반 학생들이

사전에 찍은 동영상을 활용하였다. 첫 번째 동영상은 '봉사 점수를 채우기 위해 도서관에서 봉사 활동하는 중학생 이야기'이고, 두 번째 영상은 '구독자 수를 늘리기 위해 봉사 활동 모습을 찍고자 하는 유튜버 이야기'이며, 세 번째 영상은 '코로나19로 고생하는 의료진이 안타까워 돕고 싶은 마음에 보건소에서 봉사 활동하는 초등학생의 이야기'이다. 그리고 네 번째 동영상은 '도서관에서 길을 잃은 1학년 학생을 교실까지 데려다 초등학생의 이야기'이다. S교사는 각 동영상을 시청한 후 진정한 봉사라고 생각하면 '따봉' 표시를 하고 잘 판단이 안 되면 '엄지를 편 채 쥔 주먹을 옆으로', 그리고 진정한 봉사가 아니라고 생각하면 '엄지의 방향을 바닥 방향으로' 학습지에 표시하고 그 이유도 적도록 하였다

첫 번째 동영상과 두 번째 동영상은 '대가를 바라는 진정성이 부족한 봉사 활동'으로 진정한 봉사의 반례에 해당하는 것이고, 세 번째 동영상과 네 번째 동영상 각각'대가를 바라지 않고 순수한 마음으로 한 봉사 활동', '특별하거나 대단하지 않은 조그만 봉사 활동이지만 진심이 담긴 봉사 활동'의 사례로서 진정한 봉사의 정례에 해당하는 것이었다.

정례와 반례를 검토함으로써 개념을 정립하려는 수업은 자칫 딱딱한 수업, 관념적인 수업으로 흘러 학생들의 수업에 대한 흥미를 유지하기가 쉽지 않은데, 이것을 같은 반 학생들의 동영상을 활용하여 제시함으로써 그러한 우려를 불식시킬 수 있었다.

진정한 봉사를 실생활에서 실행하기 위한 모둠별 계획을 수립한 후

에 그것을 전체 앞에서 발표하도록 하는 데 있어서 S교사는 특별한 전략을 사용하고 있었다. 모둠에서 수립한 실천 계획 4가지 중에서 3가지는 모둠원 한 명이 설명하고, 나머지 1가지는 모둠원이 몸짓으로 표현하여 다른 모둠 학생들이 알아맞히게 하는 게임 방식으로 진행하였다.

이러한 방법은 몇 가지 장점이 있는 것으로 보였다. 첫째, 짧은 시간에 전체 모둠의 실천 계획을 모두 들어 볼 수 있다는 효율성 측면에서 효과적이다. 둘째, '몸짓 퀴즈'를 통해 학생들의 흥미를 높여 지루하기 쉬운 발표에 집중할 수 있게 하는 효과가 있다. 셋째, 퀴즈를 알아맞히는 과정에서 교사는 '진정한 의미의 봉사'에 가까운 이야기가 나올 수 있도록 유도하는 데 효과가 있다. 실제로 이 활동은 7분 30초 동안 이루어졌는데, 그중 대부분의 시간이 퀴즈를 내고 알아맞히는 활동으로 이루어졌다.

S교사 네, 이겁니다.

학생들 하하하.

S교사 희수.

김희수 눈 마주쳐 주기!

S교사 어, 비슷해요. 친구를 어떻게 한다는 겁니다. 아람.

한아람 친구 얼굴 보기!

교사 80퍼센트 맞혔어요. 희정.

정희정 친구 얼굴 마주보기!

S교사 아닙니다. (중략)

박보경 친구랑 눈 마주치면서 이야기하기!

S교사 거의 맞혔어요. 마지막 한 명만 더해 보고, 네. 창호, 한 번 더.

안창호 친구랑 눈 마주치면서 얘기하기!

S교사 네. 정답은요, 친구를 따뜻한 눈빛으로 바라보는 것입니다.

위의 기술에서 보는 바와 같이 교사는 '친구를 따뜻한 눈빛으로 바라보기'라는 답을 끌어내기 위하여 상당한 공을 들였다. 학생들의 답변에는 '친구랑 눈 마주치면서 이야기하기'가 나왔지만, 이것을 진정한 봉사로 보기에는 무언가 아쉬운 점이 있었던 것 같다. 생각해 보면 그냥 눈 맞추면서 이야기하는 것은 진정성 즉 순수한 마음이라는 것을 담보하지는 않는다. 따뜻한 눈빛에는 진정한 마음이 담겨 있다고 볼 수 있다. 이런 측면에서 본다면 그의 교수 전략은 '진정한 봉사'의 의미와 그 실천에 효과적이었음을 알 수 있다.

S교사는 개념 형성 수업 모형의 단계 중에 '개념과 관련된 개념의 분석'의 단계를 생략하였는데, 사실은 그와 관련된 활동은 수업의 정리 단계에서 이루어졌다. 정리 단계에서는 허니콤보드에 진정한 봉사와 관련되는 낱말을 쓰고, 그것을 설명하는 활동이 있었는데, 이 활동은 '개념과 관련된 개념의 분석' 단계에서도 이루어질 수 있는 활동이었다. 이 활동을 앞 단계에서 했더라면 개념을 명확히 하는 목적이었을 것이다. 그러나 이 활동을 수업의 정리 단계에 함으로써 같은 활동이더라도 목적에 변화가 생겼다. 이 활동을 정리 단계에서 실시함으로써

가치의 내면화에 기여할 수 있었다. 개념의 의미에 대해 지나치게 깊게 파고 들어가는 것이 오히려 혼란을 줄 수 있다는 측면에서 그리고 다른 개념과의 연결을 통해 진정한 봉사를 내면화한다는 측면에서 그의 선택은 좋아 보였다.

3. 이차적 의미: 아무도 상처 입지 않는 수업이 중요하다.

이 수업을 위해 S교사는 개념 분석 수업 모형을 선택했다는 것을 앞에서 알아보았다. 그런데 진정한 봉사가 무엇인지를 알아보기 위해서는 토론 수업도 가능하였을 것으로 생각한다. 학생들은 '봉사 활동 점수를 얻기 위해 실시하는 봉사 활동도 진정한 봉사라고 할 수 있는가?' 등의 주제로 토론을 할 수 있었을 것이다. 만약 이 수업을 토론 수업 모형으로 진행하였다면 공리주의적인 입장과 칸트의 목적론적 도덕관적인 입장 간의 공방을 예상할 수 있다. 공리주의적 입장에서는 의도는 중요하지 않고 자신의 행동으로 인해 많은 사람이 행복하다면 그것은 정의로운 것이므로 점수를 얻기 위한 봉사 활동도 진정한 봉사 활동이라고 볼 수 있다고 할 것이다. 그러나 칸트의 목적론적 도덕관적 입장에서는 선의지가 없는 봉사 활동은 하지 않는 것이 더 낫다고 보고 있으므로 점수를 위한 봉사 활동은 진정한 봉사 활동이 아니라고 할 것이다. 토론 수업 모형을 활용하여 수업했더라도 의미 있는 수업이 되었을 것이다.

그런데 S교사는 토론 수업 모형을 선택하지 않고 개념 분석 수업 모형을 선택하였다. 그 이유는 무엇이었을까? 토론 수업 모형보다 개념 분석 수업 모형이 그가 구현하고자 하는 내용에 더 적합하였을 것이다. 나는 그가 수업에 구현하고자 한 의미는 '아무도 상처 입지 않는 수업이 중요하다.'라고 생각한다. 공리주의자와 칸트주의자는 토론에서 합의점을 찾기가 쉽지 않다. 따라서 토론은 격해질 수도 있고, 결론이 나지 않을 가능성이 크다. S교사가 '아무도 상처 입지 않는 수업이 중요하다.'라는 의미를 수업에 담고자 하였다면 토론 수업 모형을 선택하지 않고 개념 분석 수업 모형을 선택한 것은 당연한 일이다.

나는 이 차시에서 진정한 봉사의 개념을 공부하는 것은 사전적 의미의 개념을 배우기 위한 것이 아니라고 생각한다. '봉사활동을 어떻게 할 것인가?', '봉사활동을 할 때의 마음가짐은 무엇인가?'에 답을 얻을 수 있는 수준의 개념만 형성이 된다면 그것으로 충분하다고 본다. 그러므로 개념 분석 수업 모형으로 이루어지는 수업에서는 학생들이 틀린 대답을 할까 봐 두려워할 필요도 없고, 격한 토론으로 감정이 상할 이유도 없다.

S교사가 '아무도 상처 입지 않는 수업이 중요하다.'라는 의미를 수업에서 구현하려고 하였다면 이것을 어떤 방식으로 수업에 담았을까? 그 구현 방식은 굵은 선이기보다는 가늘고 세심한 선으로 표현했을 가능성이 크다. '아무도 상처 입지 않는 수업'은 굵은 선으로 한 번에 휙 그어서 표현할 수 있는 것이 아니기 때문이다. 나는 그 점에 유의하여 수업을 보았는데 수업의 상당한 부분들, 여러 교수 기법들이 이 의미를 표현하고 있었다.

먼저 그가 활용한 대표적인 교수 기법인 '인터뷰 동영상'을 다시 한

번 살펴보자. 이 동영상은 정례 즉 긍정적인 봉사 활동 사례 2편과 반례 즉 그렇지 못한 봉사 활동 사례 2편으로 되어 있는데, 이 동영상에 출연한 인물은 모두 같은 반 학생들이다. 정례를 연기하는 학생은 별다른 문제가 없겠지만, 반례 즉 바람직하지 못한 사례를 연기하는 학생들은 그것으로 인해 위축될 가능성도 배제하지 못할 것이다. 그런데 여기에 S교사의 배려가 담겨 있었다. 반례에 해당하는 동영상 속 주인공을 초등학생이 아닌 중학생과 유튜버로 설정하여 이 학생은 다른 사람을 연기하고 있다는 것을 다른 학생들이 확실하게 인지할 수 있도록 하였다. 이는 연기하는 학생의 마음에 혹시 있을지 모르는 불편함을 없애 주려는 교사의 세심한 전략이 아닐 수 없다. 정례에 해당하는 동영상에서 등장하는 주인공은 초등학생이었다는 것과 비교하면 이는 거의 확실해 보인다.

학생들은 '인터뷰 동영상'을 보고 나서 각각의 동영상이 진정한 봉사인지 그렇지 않지를 학습지에 표시하고 그 이유를 기록하였는데, 각자가 생각한 것을 모둠원들과 비교하는 활동이 곧바로 이어졌다. 이때 교사는 "자기와 비슷한 생각을 하고 있으면…. 나와 다른 생각을 하고 있다면 이 친구는 이렇게 생각할 수도 있구나…."라고 이야기를 하면서 학생들이 '맞다. 틀리다.'가 아닌, 생각의 다름을 자연스럽게 받아들이도록 하여 그로 인해 상처 입는 학생이 없도록 하였다.

〈1분의 배려〉라는 동영상을 시청함으로써 진정한 봉사의 개념을 한 번 더 확인한 후에 학생들은 모둠별 봉사 활동 실천 계획을 세우는데 S교사는 모둠별 실천 계획도 동영상처럼 〈1분의 배려〉라는 형식으로 세우도록 하였다. 이 활동에 대한 설명 부분에서도 누구나 참여할 수 있도록 하는 꼼꼼한 배려와 방법에 대한 이해 부족으로 소외되는 학생이 없도록 하는 섬세함이 돋보였다.

S교사 우리 학급, 혹은 우리 학교 전체를 아름답게 만들 수 있는 봉사 활동이나, 남을 돕고 싶은 내 마음을 전달할 수 있는 사례 네 가지를 적습니다. 시간은 1분을 안 채워도 됩니다. 선생님이 나중에 여러분이 적은 사례들을 모아서 1분에서 5분 정도의 분량으로 우리 반의 영상을 만들 겁니다. 그래서 굳이 1분을 맞출 필요가 없어요. 사례만 네 가지를 적어 발표하면 되는데, 그냥 네 가지를 발표하면 재미가 없으니까 한 가지를 동작으로 퀴즈를 내서 다른 모둠이 맞혀보는 활동으로 하겠어요. 일단 네 가지 활동들을 친구들과 함께 만들어 주세요.

S교사는 학생들에게 이렇게 설명한 다음 각 모둠으로 돌아다니면서 계속해서 소통한다. 그의 행동에는 '내가 도와줄게. 걱정하지 마. 잘하고 있어.'라는 몸짓이 향기처럼 발산되고 있었다. 실제로 이 활동을 하는 동안 S교사는 모든 모둠을 최소 3번, 최대 5번까지 찾아갔다 이러한 S교사의 메시지는 한 시간 내내 이어졌으므로 이것을 모두 기술하는 것은 불가능하다.

시간이 부족하여 학생들의 발표 욕구를 충분히 들어줄 수 없을 것 같은 상황에서는 발표막대 뽑기를 통해 발표하도록 하였다. 정리 시간에 수업 소감을 발표할 때 이 기법을 활용하였는데, 이때도 준비한 동영상을 보여주지 못할 정도도 시간의 부족함으로 느끼고 있었다. 그 상황에서 그는 발표막대 뽑기를 통해 2명을 발표시켰다. 이것만으로도 발표하고 싶었으나 하지 못한 학생들이 크게 실망할 일은 없었을 것으로 생각되었으나, 그의 세심함은 이어졌다.

S교사 발표를 안 하면 집에 가서 잠이 안 올 것 같은 친구?

학생들 하하하.

S교사 (지명하며) 윤희.

이러한 S교사의 이중 삼중의 장치들로 인해 이 활동에서 마음이 상하거나 불만이 있는 학생들이 생겼을 것이라는 생각은 들지 않았다.

수업 흐름에서 두드러지는 부분이 있었는데, 수업을 시작하는 지점에서 일명 '격려 샤워'라는 활동이었다. S교사는 이 활동을 하루를 시작하는 아침 시간에 주로 한다고 하였는데, 오늘은 도덕 시간을 여는 활동으로 이것을 가져왔다고 하였다. '격려 샤워' 활동은 이렇게 이루어졌다. 교사는 격려받을 학생 한 명을 선정하여 앞으로 나오게 하였다. 다른 학생들은 차례로 돌아가면서 앞으로 나온 학생을 칭찬하거나 격려하는 말을 하였고, 격려받은 학생은 격려와 칭찬에 대해 감사의 답변을 했다.

S교사 오늘 선희의 마음을 격려해 주십시오.

김수희 항상 너를 응원할게.

이선희 (인사를 하며) 감사합니다.

백수호 내가 너의 현재를 응원할게.

이선희 (인사를 하며) 격려받았습니다.

천성호 너는 소중한 사람이야.

이 활동은 이렇게 모든 학생이 격려하는 말을 하고 나서 손뼉을 치며 끝이 났다. 이 활동은 '진정한 봉사'라는 일차적 의미와도 관련이 있지만, 이 수업의 이차적 의미인 '아무도 상처받지 않는 수업'과도 관련이 있어 보인다. 우리는 살아가면서 의도치 않게 서로에게 상처를 주기도 하고 받기도 한다. 수업을 시작하기 전에 상처 입었을지도 모르는 학생들을 치유하고 수업을 시작하는 것은 매우 의미 있는 일일 것이다.

그는 자신의 수업에 "'같이'의 가치"라는 제목을 붙였다. 난 이 제목을 보고, 그의 수업의 의미가 '학습 목표에 관한 것'은 아니라고 생각했다. 그가 이 수업에 부여한 의미는 '좋은 수업' 또는 '가치 있는 수업'에 관한 어떤 것으로 생각하였다. 여기에서 '같이'의 가치는 '우리가 남이가!'식의 집단주의에서 말하는 '같이'에 있는 것이 아님은 분명하다. 따라올 힘이 부족한 학생들은 이끌어주고, 앞서가는 학생들은 다른 사람을 위해 보조를 맞춰줌으로써 모두가 어깨를 나란히 해 걸을 때 느낄 수 있는 행복에 그 가치가 있다고 생각한다. 이러한 '같이'의 가치가 살아있는 수업에서는 상처 입고 구석으로 숨어드는 학생들은 생기지 않을 것이다. 설사 생기더라도 수업 시간을 통하여 치유될 것이다. 최소한 수업 시간에 상처 입는 학생이 생기지 않게 하려는 세심한 노력은 40분 수업 내내 묵묵히 그러나 선명하게 구현되고 있었다.

4. 학생을 바라보는 시각: 사랑스럽고, 보호해야 할 화초

한 시간의 수업만을 보고, 수업자의 교육관을 정확하게 읽어낼 수 있는 수업예술 비평가가 있다면 그는 천재이거나, 선무당일 것이다. 내가 만약 S교사의 교육관을 언급한다면 나는 천재가 아닌 것이 분명하므로 선무당일 가능성이 크다. 우리 속담에 '선무당이 사람 잡는다.'라는 말이 있는데, 그런데도 내가 그의 교육관에 대하여 언급하고 싶은 마음이 크다. 세상에는 완벽한 이론이 없고, 데이터는 늘 불완전하다. 연구 논문들은 연구의 제한점을 이야기하고 어떤 유의 수준에서 자신의 연구가 의미 있는지를 밝힌다. 각종 여론 조사는 조사의 불완전함을 스스로 알고, 어떤 표본오차 범위에서 조사 결과를 이해해 줄 것을 바란다. 이것으로 볼 때 자신의 의견이 절대적이라고 믿는 것은 문제이지만, 불완전함을 알고 그것을 밝히며 언급하는 주장은 문제가 되지 않는다고 생각한다. 이런 관점에서 내가 언급하는 S교사의 교육관 등은 좁은 시야에서 오는 불완전한 것이거나 잘못 해석된 것일 수도 있음을 미리 밝히니 독자들은 이를 이해해 주기 바란다.

난 S교사에게서 존 듀이의 철학이 느껴졌다. 난 S교사가 실제로 존 듀이의 경험론을 신봉하는지는 알지 못한다. 다만, S교사에게서 '경험'과 '상호 작용'이라는 키워드가 떠올랐다. 이는 존 듀이의 키워드와 일치하는 것이다. S교사에게로 인풋된 교육 내용들은 S교사라는 함수 상자를 통과하여 아웃풋이 될 때 '경험'과 '상호 작용'이라는 색이 입혀지는 것 같았다.

그중에서 상호 작용은 수업 내내 두드러지게 나타나는데 특히 교사와 학생 간의 상호 작용은 무척 활발할 뿐만 아니라, 믿음이 형성되어 있었다. 교사와 학생 간의 상호 작용이 없는 수업이 어디 있을 수 있겠는가만, S교사의 수업은 평범한 수준을 넘어 왕성하다고 표현할 수 있다. 그는 수업 시간에 말을 많이 하는 편이다. 속사포는 아닌데 그렇다고 느리지도 않다. 말 속도에 완급이 있고, 톤이 밝다. 그리고 몸짓을 아끼지 않는다. 그의 말은 많지만 지루하지 않고, 일방적이지 않다. 보통의 교사가 학생들과 한두 번 상호 작용하는 동안 그는 네다섯 번 이상 상호 작용하는 것 같다. S교사의 수업 특징은 에너지 넘치고 활발하다는 점이다. 상호 작용이 너무나 활발하기 때문에 자연스럽게 관찰되는 현상일 것이다.

S교사가 '경험'을 중요시할 것으로 생각한 까닭은 수업의 많은 부분이 학생들의 흥미, 학생의 생활, 학생들의 생각이나 의견과 관련되어 있었기 때문이기도 하지만, 전반적으로 느껴지는 수업의 분위기가 그것을 말해 주고 있었다. 그의 교실은 삶의 공간이지 삶을 위해 준비를 하는 공간이라는 생각이 들지 않았다. 학생이나 교사가 교실이라는 공간에서 아름다운 삶을 만들어 가고 있었다. 그의 수업은 '6학년 3반이 살아가는 이야기'였다. 그들은 교실이라는 공간에서 지식을 축적하고 있는 것이 아니라, 경험을 쌓아가고 있었다.

이제 S교사의 학생관에 관하여 이야기해 보고자 한다. S교사가 학생들을 보는 시각은 교육관보다는 상대적으로 선명하게 다가왔다. S교사는 학생을 '사랑스럽고, 보호해야 할 화초'로 대하고 있는 것 같다. 그는 학생들과 소통을 위해 그들과 동급으로, 친구로 내려가지 않았다. 그는 선생님의 자리를 굳건히 지키고 있었지만, 그들의 마음을 잘 이해하고 이야기를 잘 들어주는 친구 같은 친근함이 있었다. 나는 학생들에게서 S교사를 자신들을 돌봐주는 정원사처럼 대하고, 그에게 감사하는 마음을 느낄 수 있었다.

그의 학생관에 관해 좀 더 자세히 말해 보자. 화초는 잡초처럼 내버려 두어도 저절로 크는 식물이 아니다. 돌봄이 필요한 존재이다. 그는 학생들을 미성숙하지만, 성장 가능성이 있는 존재로 보는 듯하다. "너희는 자율적인 존재이고, 그러나 그것이 따르는 책임을 져야 한다."라는 식으로 학생들을 대하는 것은 아닌 것이 분명하다.

학생들이 화초이니 그들이 사랑스럽고 예쁜 것은 당연할 것이다. 그런데 우리가 흔히 '온실 속의 화초'라는 관용어를 쓰곤 하는데, 과잉보호를 받아 자생력이 부족한 사람을 일컬을 때 쓰는 표현이다. 혹시나 그의 학생관으로 인해 학생들이 '온실 속의 화초'로 자라는 것은 아닐지 걱정을 할 수도 있을 것이다. 그러나 나는 그것을 걱정하지 않는다. 경험과 상호작용을 중시하는 교육관과 미성숙한 존재이지만 성장 가능성이 지닌 존재로 보는 학생관이 조화를 이루어 학생들을 온실 속의 화초가 아니라, 잘 다듬어진 사랑스러운 화초로 키워나갈 것을 확신한다.

5. 마치며

지금까지 S교사의 "'같이'의 가치"라는 제목의 도덕 수업을 감상하고 크게 세 가지 측면에서 수업을 해석해 보았다.

첫째는 수업의 일차적 의미, 학습 목표와 관련된 해석이다. 나는 이 수업을 봉사의 마음가짐을 알기 위해 '진정한 봉사'의 개념을 분석해 보는 '개념 분석 학습 모형'을 적용한 것으로 보았다.

둘째, 나는 수업의 이차적 의미를 '아무도 상처 입지 않는 수업이 중요하다.'로 해석하였다.

셋째, 나는 수업을 통해 S교사는 '경험과 상호 작용을 중시'하는 교육관을 가졌으며, 학생들을 '사랑스럽고, 보호해야 할 화초'로 보는 학생관을 가지고 있다고 보았다.

이 셋은 엇박자를 내지 않고 절묘한 조화를 이루고 있었다. 아무리 작더라도 나눔과 배려라는 진솔한 마음만 있다면 진정한 봉사라는 것. 아무도 상처 입지 않는 수업이 중요하다는 것. 상호작용을 중시하고 학생들을 사랑으로 대하려는 교사. 난 세 꼭지로 나누어 수업예술 비평을 하였지만, 이 셋은 결국은 하나였다.

요즘은 학교폭력 사안이 엄중하게 다루어지고, 학생의 인권이 과거 어느 때보다 강조되는 사회이다. 이러한 시대적 특징으로 볼 때 S교사의 '아무도 상처 입지 않는 수업이 중요하다.'라는 수업의 메시지가 주는 시사점은 매우 크다. 그는 이 메시지뿐만 아니라, 방법론적으로도 많은 시사점을 주고 있어 이 수업의 갖는 가치는 더 크게 느껴진다.

나는 진심으로 S교사와 학생들의 행복한 교실 속의 삶을 응원한다.

나의 졸작이 그의 교실 속 이야기를 헝클어뜨리지는 않을지 걱정이 되지만, S교사가 과도한 목적의식으로 앞만 보고 달려가지만 않는다면 그의 행복한 교실 이야기는 계속되리라고 생각한다.

수업예술 비평 〈2〉

문단과 글의 관계

김장수

제목	함께 지켜 안전한 우리 학교		
교과	국어	학년-학기	3 - 1
단원 (차시)	8. 의견이 있어요 (9/12)	수업자	김○○
		수업일	2022. 6. 24. (금)
학습 목표	학교 안전사고 예방을 위해 의견과 까닭이 잘 드러나게 문단을 쓸 수 있다.		

나는 K교사의 '함께 지켜 안전한 우리 학교'라는 수업을 보고, 미켈란젤로의 시스티나 성당 천장화를 보는 듯한 느낌을 받았다. 미켈란젤로의 천장화는 처음 마주했을 때는 혼란스러웠으나, 차츰 하나하나씩 눈에 들어왔으며, 그리고 나중에는 감탄스러웠다. K교사의 수업이 그러하였다. 처음에는 너무 많이 활용한 수업 기법으로 인해 혼란스러웠으며, 차츰차츰 전체 속에서 기법들의 가치가 눈에 들어왔고, 그것에 감탄했다.

나는 '함께 지켜 안전한 우리 학교'라는 제목으로 인해 수업의 의미를 해석하는 것이 쉽지 않겠다는 인상을 받았다. 단순히 수업 제재를 제목에 쓴 것으로 보여서 수업자가 제목에 큰 의미를 두지 않았거나, 제목에 수업자의 의미를 의도적으로 담지 않으려고 한 것으로 파악하였기 때문이다. 물론 수업의 의미를 해석하는 일이 쉽지는 않았지만, 이러한 나의 추측은 빗나간 것이었다.

이 수업은 교육 과정으로 볼 때, 쓰기 영역의 '중심 문장과 뒷받침 문장을 갖추어 문단을 쓴다.'에 해당하는 수업이었다. 이 차시는 재구성된 것으로 보이는데, 실제로 '문단 쓰기'에 관한 수업은 '2. 문단의 짜임'이라는 단원에서 다루어진 것이었다. 이것을 글을 읽고 의견을 파악하는 '8. 의견이 있어요' 단원에서 한 번 더 다루도록 재구성한 것이다. 이 수업의 바로 앞 차시에서는 '글을 읽고 의견 파악하기'를 학습한 것으로 파악된다. 앞 차시에서 수업한 글은 '지구를 깨끗이 가꾸자.'라는 주장하는 글로서 중심 문장과 뒷받침 문장이 잘 드러난 문단들로 구성된 글이다. K교사는 문단의 중심 내용을 파악하는 학습에서 얻은 문단 관련 학습 경험을 살려 문단 쓰기로 나아갈 수 있도록 하기 위해 이 차시를 재구성한 것으로 보인다.

나는 K교사의 수업 구현 방식을 분석하면서 수업의 의미를 해석하고, 그 의미가 갖는 의의에 관해 이야기하고자 한다. 그리고 수업자의 수업 스타일과 스타일로부터 수업자의 교육을 보는 시각, 학생을 대하는 태도도 해석해 보도록 하겠다.

나는 처음에 K교사의 수업을 '직접 교수법'에 기반한 수업으로 볼 것인지, '쓰기 워크숍'에 기반한 수업으로 볼 것인지 명확한 판단이 서지 않았다. '직접 교수법'의 단계인 설명하기, 시범 보이기, 활동하기 등의 활동이 관찰되기도 하고, 또 한편으로는 쓰기 워크숍의 단계인 미니수업, 글쓰기, 협의하기, 공유하기 등도 관찰되었기 때문이다.

'과정 중심 쓰기 모형'을 적용할 수도 있었겠으나 이것을 적용한 것 같지는 않았다. 그렇게 생각한 까닭은 '생각 꺼내기'와 '생각 조직하기' 등을 위한 별도의 단계를 두지 않고 학생 스스로에게 맡겨 둔 것으로 보였기 때문이다.

교사가 쓰기 수업에서 어떤 모형을 사용했는가에 따라 교사의 쓰기 교육에 대한 접근법이 완전히 달라지기 때문에 K교사가 사용한 수업 모형을 분석하는 일을 중요하였다. 만약 K교사가 '직접 교수법'을 수업 모형으로 사용하였다면 이 수업은 형식주의 쓰기 교육 이론을 토대로 한 것이고, '과정 중심 쓰기 모형'을 사용하였다면 이 수업은 인지적 구성주의 쓰기 교육 이론을 토대로 한 것일 것이다. '쓰기 워크숍'을 수업 모형으로 사용하였다면 교사는 사회적 구성주의 쓰기 교육 이론을 토대로 하여 수업을 했을 것이다.

K교사가 '직접 교수법'을 수업 모형으로 사용한 것이라고 가정해 보면, 수업 뒷부분의 일련의 활동들은 활동하기 단계에 해당하는 것으로서 '소집단 협동적 글쓰기 기법'을 적용한 것으로 생각할 수 있다. 반면에 '쓰기 워크숍'을 수업 모형으로 적용하였다고 가정해 보면, 수업의 앞부분에 실시한 'OREO기법'의 설명하기와 시범 보이기는 쓰기 워크숍의 '미니수업'에 해당하는 것이라고 볼 수 있다.

결론적으로 나는 K교사의 수업에 적용된 수업 모형은 '직접 교수법'

이라고 보았다. 왜냐하면 이 수업이 '쓰기 워크숍'이 되기 위해서는 맥락 중심적이어야 하고, 쓰기를 위한 상호 협의가 중요한 역할을 해야 하는데, 이러한 부분이 충분히 관찰되지 않았기 때문이다. 따라서 이 수업은 쓰기 기능을 중시하는 '직접 교수법'이 적용된 수업으로 보는 것이 타당하다고 보았다. 직접 교수법은 쓰기 기능을 세분화하여 각각의 기능을 설명하고, 시범 보이면서 이를 연습하게 하면, 학생들의 전체적인 글쓰기 능력이 향상된다는 것을 전제하고 있다. '부분을 합치면 전체가 된다.'라는 직접 교수법의 전제는 수업의 뒷부분인 활동하기 단계에서 행해진 소집단 협동적 쓰기에서도 확인되는데, 각각의 모둠원이 쓴 문단을 모아서 한 편의 모둠 글을 완성하는 것이 그것이다. 이것은 '전체는 부분의 합 이상이다.'라는 게슈탈트 이론의 비판을 받기도 하지만, 여전히 강력한 이론임은 틀림없다.

그런데 K교사가 수업에 적용한 '직접 교수법'은 원래의 단계를 그대로 실행한 것이 아닌 변형된 모습을 갖고 있다. '질문하기' 단계는 생략되었고, 다른 단계들도 약간의 변경된 모습이 확인된다. '설명하기' 단계와 '시범 보이기' 단계는 활동 시간으로 볼 때, 수업에서 큰 비중을 차지하지 않게 설계되어 있다. 설명하기와 시범 보이기 단계를 진행한 시간을 합쳐도 5분이 넘지 않았다. 실제로 직접 교수법에서 '설명하기'와 '시범 보이기'는 매우 중요한 단계로 취급된다. 그런데도 이 단계들의 비중을 낮춘 이유는 무엇일까?

그것은 'OREO기법'과 관련이 있는 듯하다. 'OREO기법'은 이 수업 바로 전에 실시된 읽기 수업에서 글쓴이의 의견을 파악하는 기법으로 활용되어 학생들이 이 기법에 어느 정도 익숙하기 때문에 굳이 '설명하기'와 '시범 보이기'를 지속할 필요가 없다고 본 것 같다. 또한 2단원에서 이미 문단 쓰기를 한 경험이 있기 때문에 설명하기와 시범 보이기의 비중을 크게 할 필요성도 약화하였기 때문일 것이다. 이것으로 볼 때 K교사가 이 수업에서 구현하려고 한 의미는 이것과 관련된 것으로는 보이지 않는다.

K교사는 직접 교수법의 단계 중에 '활동하기' 단계에 큰 비중을 두고 있다. 40분 수업 중에 30분을 활동하기 단계에 할애하고 있다. 그리고 30분 중에서도 '소집단 협동적 글쓰기' 활동이 주 활동이 되고 있다. '소집단 협동적 글쓰기'는 모둠 구호 외치기, 모둠 활동 규칙 상기하기, 모둠원 역할 분담하기, 모둠 활동하기, 모둠 간 공유하기 등 협동학습 이론을 비교적 충실히 따르고 있다. K교사는 전략적으로 이 활동을 강조한 것으로 보인다. 그렇다고 이 수업의 의미가 '소집단 협동적 글쓰기 기법'에 관한 것이라고는 생각하지 않는다. 왜냐하면 수업 앞부분에서 실시한 'OREO기법'과 관련된 활동들이 '소집단 협동적 글쓰기 기법'과의 관련성이 크지 않기 때문이다. 만약 이 수업이 '소집단 협동적 글쓰기 기법'에 관한 것이었다면 'OREO기법'부분을 빼고 수업의 시작 단계부터 '소집단 협동적 글쓰기'를 하였을 것이다. 나는 K교사가 '소집단 협동적 글쓰기'를 통해 더 표현하고 싶은 것이 더 있으리라고 생각했다.

'소집단 협동적 글쓰기'와도 관련되면서도 'OREO기법'을 배제하지 않는 것. 그것이 K교사가 구현하고 싶은 수업의 의미라고 생각한다. 이 둘 모두를 포괄할 수 있는 '의미'가 되기 위해서는 '학습 목표'와도 어느 정도 관련이 있어야 할 것이다. K교사가 시행한 '소집단 협동적 글쓰기'는 '모둠원들이 각자 쓴 문단을 모아서 한 편의 글로 만드는 것'이다. 난 이것에 주목하였다. K교사는 3학년 학생들이 중심 문장과 뒷받침 문장으로 구성된 문단 수준의 글을 쓰는 것도 중요하지만, 글에서의 문단의 위치 즉 문단과 글과의 관계를 명확히 아는 것을 중요하게 생각한 것 같다. 따라서 나는 이 수업의 의미를 '3학년 학생들에게 문단과 글의 관계를 지도하는 방법'이라고 보았다.

나는 이 수업의 의미를 '3학년 학생들에게 문단과 글의 관계를 지도하는 방법'이라고 보고, 또 다른 수업의 기법들과 전략들이 이 의미를 어떻게 구현하고 있는지를 살펴보았다.

수업의 이차적 의미를 이것으로 보았을 때, K교사가 이 차시를 재구성한 이유도 명확히 설명된다. K교사는 2단원에서 이미 학습한 문단 쓰기를 글을 읽고 의견을 파악하는 읽기 단원에서 가르치려고 한 이유는 무엇이었을까? 주장하는 글을 읽고, 문단의 중심 내용을 파악하는 학습을 한 후에 한 문단의 글을 써 보고 이것을 다시 글로 만들어 보는 활동을 계획한 이유를 설명할 수 있다면 재구성한 이유도 밝혀질 것이다. 이러한 일련의 학습 '문단의 중심 내용 파악-문단 쓰기-문단을 합쳐 글 만들기'가 '3학년 학생들에게 문단과 글의 관계'를 지도하기 위한 것이었다고 말한다면 이러한 모든 질문에 대한 답이 될 수 있을 것이다. 결국 K교사는 3학년 학생들에게 문단과 글의 관계를 지도하기 위하여 이 차시를 재구성한 것이라 해석할 수 있다.

이 수업은 내용으로 볼 때 크게 두 부분으로 나눌 수 있다. 앞부분은 '문단 쓰기'에 해당하는 부분이고, 뒷부분은 '글쓰기'에 해당하는 부분이다. 수업은 앞부분에서 쓴 '문단'을 수업의 뒷부분에서 쓴 '글'에 위치시키는 것으로, 앞부분에서 뒷부분으로 자연스럽게 흘러간다.

그런데 교과서와 교사용 지도서에서는 한 편의 주장하는 글쓰기가 4학년 수준으로 편성되어 있다. 즉 3학년 수준에서는 자신의 의견을 담은 문단 수준의 글쓰기를 목표로 하고 있다는 것이 확인된다. 물론 이것은 꼭 지켜야 할 것은 아니지만, 학교 교육과정에 반영되어 있다면 수준을 지키는 것이 좋다고 생각된다. K교사는 이 문제를 해결하기 위해 학습지를 활용하고 있다.

학습지는 '함께 지켜 안전한 우리 학교'라는 제목 아래, 글의 처음 부분과 끝부분은 완성되어 있고 가운데 부분은 몇 개의 문단이 들어갈 공간으로 비어 있다. 교사는 모둠원 수만큼 학습지의 가운데 부분에 붙일 종이를 나누어 주었는데, 학생들은 이 종이에 앞에서 쓴 문단을 고쳐 쓴 다음 그것을 붙였다. 이처럼 처음 부분과 끝부분을 완성한 학습지를 활용함으로써 교육과정상의 학년 수준 문제를 해결하고자 하였다. 그리고 모둠원 각자가 쓴 문단을 모아 붙여 전체 글을 만듦으로써 문단과 글의 관계를 파악할 수 있도록 하는 것이 주목적이었을 것이다.

'3학년 학생들에게 문단과 글의 관계를 지도하는 방법'이라는 의미를 구현하기 위해서는 교사가 학생들에게 먼저 문단을 쓰게 하는 것은 당연한 수순이라고 볼 수 있다. K교사는 안전사고 예방을 위한 글을 쓰는 활동을 통해 '중심 문장과 뒷받침 문장으로 구성된 문단 쓰기'라는 기능을 익히도록 하고 있다. 그런데 단순히 문단의 구성을 '중심 문장과 뒷받침 문장'으로 보는 데에서 더 나아가 문단의 양괄식 구성과 주장을 뒷받침하기 위한 '예시'를 쓰는 법까지 익힐 수 있는 더욱 심화한 'OREO기법'을 사용하고 있다.

'OREO기법'은 'Opinion-Reason-Example-Opinion'의 첫 글자를 따온 것으로 보인다. 이러한 문단의 구조는 매우 안정적이고 보편성을 지닌 것으로 학생들이 익혀 두면 좋은 것으로 생각되었다. 그런데 앞에서 확인한 대로 K교사는 'OREO기법'을 사용하여 문단 쓰기를 설명하고 시범 보이는 데 많은 시간을 사용하지 않았다. 이는 40분이라는 제한된 수업 시간을 나중에 하게 될 '소집단 협동적 글쓰기 활동'에 집중하기 위함으로 보인다.

'소집단 협동적 글쓰기'는 협동학습 기법이다. 협동학습의 특징은 기존의 모둠학습이 갖는 무임승차 효과나 일인 장악 현상의 부작용을 줄이기 위해 구조화된 학습 방법을 사용한다는 점이다. 그래서 학생들에게 협동을 위한 사회적 기술을 가르치고, 역할 분담을 하여 한 명도 소외되거나 무임승차 하는 일이 없도록 소집단 활동을 구조화시켰다.

이 시간에 실시된 '소집단 협동적 글쓰기 활동'도 모둠 구호를 외치며 모둠 협동 분위기를 조성하였고, 학생들에게 협동을 위한 규칙을 암송하도록 하였다. 그리고 모둠원들이 누가 몇 번째 문단의 글을 쓸 것인지 역할을 분담하였다. 모둠별 글을 다 완성한 다음에는 일명 '갤러리 스피치'라는 활동을 했는데, 이 활동은 협동학습의 기법 중에 하나인 '셋 가고 하나 남기'를 통한 모둠 간 학습 결과물 공유와 평가를 위한 목적으로 활용되는 활동이다. 남은 한 명은 도슨트가 되어 찾아온 다른 모둠원에게 자신들이 쓴 글을 읽어 주고 질문에 답을 하는 역할을 맡았다. 다른 모둠으로 간 3명은 그 모둠이 쓴 글을 읽고 난 후 스티커를 붙여 평가하였다.

이러한 절차로 진행된 '소집단 협동적 글쓰기'는 학생들이 서로 협동함으로써 문단 수준의 글쓰기 능력만으로도 쉽게 한 편의 글을 완성할 수 있도록 하는 데 효과적이었다. 즉 3학년 학생들에게 문단 수준의 글쓰기 능력만으로도 전체 글에서의 문단의 위치와 역할 그리고 문단과 글과의 관계를 귀납적으로 인식할 수 있도록 하는 데 효과적이었다.

K교사는 '함께 지켜 안전한 우리 학교'라는 제목의 국어 수업을 통해 참관자에게 '3학년 학생들에게 문단과 글의 관계를 지도하는 방법'을 이야기하고 있었다. 이 방법은 '직접 교수법'이라는 수업 모형으로 'OREO기법'과 '소집단 협동적 글쓰기 기법'을 활용한 것으로서 일반화의 가치가 있어 보였다. 다만, '소집단 협동적 글쓰기'는 구조화된 기법이기 때문에 다른 교사들이 활용할 때는 학생들이 방법에 익숙할 때까지는 활동 방법을 익히는 데 시간이 많이 소요될 수 있음을 고려해야 할 것이다.

난 학생의 대답에 반응하는 교사의 피드백에서 K교사의 수업 스타일의 일부를 파악할 수 있었다. K교사는 학생의 대답에 "잘한다.", "좋은 생각이야."와 같은 주관적인 가치 판단적인 피드백보다는 "맞다.", "그렇지.", "틀려도 괜찮아."라는 합리성과 이성에 바탕을 둔 보다 보편적이고 객관적인 평가가 담긴 피드백을 많이 하였다. 물론 "그렇지."라는 피드백에 전혀 가치 판단이 들어가 있지 않은 것은 아닐 것이다. 감정을 실어서 무릎을 '탁' 치며 "그렇지!" 하는 맞장구치는 말에는 '잘했다.'라는 가치 평가가 들어가 있다고 보아야 한다. 그러나 K교사의 피드백에 주목했을 때는 확연하게 보편적이고 객관적인 평가가 담긴 피드백이 많았다.

난 이러한 K교사의 수업 스타일에서 객관주의적 지식관을 읽어낼 수 있었다. "잘했어, 좋은 생각이야."라는 말속에는 '맞고 틀린 것은 중요하지 않아, 너의 생각이 중요한 거야.'라는 메시지가 숨어 있다. 세상에는 절대적이고 보편적인 지식은 없다는 것, 지식은 상황에 따라 변할 수 있으며 그래서 지식은 상대적이라는 것을 믿고 있을 때 "잘했어. 좋은 생각이야."라는 반응을 보이는 경향이 자주 관찰된다. 교사가 학생의 대답에 대하여 틀렸다고 생각하는데도 불구하고 "잘했어."라는 피드백을 주기는 쉽지 않다. "잘했어."라는 말을 칭찬의 용도로 사용했을 경우도 마찬가지이다. 보편주의적 지식관을 가진 교사가 칭찬하는 경우는 학생의 대답이 옳았다고 생각할 때일 것이다. 그리고 "잘했어."라는 말에는 대답의 맞고 틀림에 상관없이 "네가 용기를 내어 발표한 것을 칭찬해."라는 의미도 포함되어 있을 수 있다. 즉 너의 생각 자체를 존중한다는 의미가 내포되어 있다.

그런데 "맞았어."라는 피드백을 주로 하는 교사는 맞고 틀린 것 즉 보편적이고 객관적인 지식을 중요하게 여기기 때문에 두루뭉술하게 "잘했어."라고 피드백을 하는 것을 좋아하지 않는다. "틀려도 괜찮아."라는 말속에는 '너의 대답은 틀릴 수도 있어. 그렇지만 용기를 내어 보렴.'이라는 뜻이 내포되어 있다고 볼 수도 있다. 실제로 K교사는 이 수업에서 지식을 매우 강조하는 경향을 보였다. '의견'이 무슨 뜻인가를 물을 때, 학생은 거의 사전에 나와 있는 듯한 뜻풀이를 이야기하였고, 교사는 그 대답에 만족하였다. 그리고 문단의 시작을 한 글자 들여쓰기로 한다는 것, 부딪히다와 부딪치다의 차이, OREO기법에서 O, R, E, O에 해당하는 영어 단어와 그 뜻 등을 지도하는 장면 등에서 객관적이고 보편적인 지식을 중시하는 것이 관찰되었다.

난 비평가로서 K교사가 학생을 대하는 태도에도 주목해 보았으나, 학생을 대하는 태도와 관련된 특이한 점이 잘 관찰되지는 않았다. 오히려 학생들이 교사를 대하는 태도에 더 주목할 만한 메시지가 담겨 있었는데, 학생들은 나에게 소리 없이 이렇게 말하고 있는 듯하였다.

'교장 선생님, 우리 선생님 혼내지 말아 주세요. 우리가 이렇게 잘하고 있잖아요.'

학생들은 혹시 무서운 교장 선생님이 담임 선생님을 혼낼지도 모른다는 걱정을 하는 것 같았다. 그 진심이 느껴졌다. 학생들 중에 어느 한 명도 허튼짓하지 않았고, 어느 한 명도 지겨워서 몸을 뒤틀지 않았으며, 주어진 과제에 충실하지 않은 학생은 한 명도 없었다. 반 학생 전체가 똘똘 뭉쳐서 담임 교사를 보호하고 있다는 인상을 받았다.

난 개인적으로 학생들로부터 이런 느낌을 받는 것은 참으로 오랜만이다. 난 과거에 교육 실습생 지도교사로 있을 때, 교육 실습생의 수업 시간에 학생들로부터 이런 느낌을 많이 받았었다. 누군가의 보호 아래에 있다는 것을 느끼는 순간 우리는 심적으로 안정감을 얻는다. K교사는 1.5년의 교육경력으로 수업을 공개하는 것에 많은 부담을 느꼈으리라고 생각되지만, 매우 안정적으로 수업하는 모습을 보였다. 열심히 준비한 탓도 있겠지만, 학생들의 도움도 컸으리라고 생각한다.

지금까지 K교사의 '함께 지켜 안전한 우리 학교'라는 제목의 수업을 보고 그 의미를 해석하고, 수업을 통해 나타난 K교사의 수업 스타일을 탐색해 보았다.

K교사의 수업에는 '3학년 학생들에게 문단과 글의 관계를 지도하는 방법'이라는 의미가 담겨 있는 것으로 해석되었다. K교사는 'OREO기법'과 '소집단 협동적 글쓰기 기법'을 통하여 문단과 글의 관계를 지도하는 방법을 제시하고 있었다. 이 수업은 문단 쓰기를 글쓰기에서 분리하여 지도하지 않고, 글쓰기와의 관계 속에서 문단 쓰기를 지도하려고 했다는 것과 그 방법을 구현해 내었다는 데 교육적 가치가 있다고 본다.

K교사는 교육경력 1.5년의 신규 교사로서 지금까지 자신이 한 대부분의 공개 수업은 평가와 관련이 있었을 것이다. 교육 실습생 때의 수업은 학점과 관련이 있었고, 임용 시험에서 시행한 수업 시연은 말할 것도 없다. 그러나 이제는 평가의 부담에서 벗어나 수업에 자신의 의미를 담아가는, 즐거운 창작이 되기를 기대해 본다.

5.

수업은 예술이 되어도 되는가?

우리는 '의미의 구현'이라는 단토의 예술 정의를 토대로 수업에서 의미를 구현하기 위한 방법을 줄곧 탐구해 왔다.

그리고 수업에 구현된 의미를 해석하고 비평하는 방법도 알아보았다.

이제 최종적으로 수업은 예술이 될 수 있는가를 알아보아야 한다.

즉 수업은 예술의 필요충분조건을 갖출 수 있는가를 알아볼 시간이 되었다.

그리고 이 장에서 독자들은 수업은 예술이 되어도 될지를 생각해 보는 시간을 갖게 될 것이다.

수업은 예술이 되어도 되는가?

‘수업예술 비평’을 끝으로 수업예술에 대한 중요한 이야기는 모두 마쳤다. 이제 마무리를 지어야 할 시점이 된 것 같다. 즉 “수업은 예술이 되어도 되는가?”라는 질문을 독자들에게 해야 할 지점에 도달하였다.

앞에서 말하였듯이 나는 ‘수업예술’을 장르적 개념으로 사용하였는데, 이때의 장르는 예술의 장르가 아니고, 교육의 한 장르를 말하는 것이었다. 그래서 이 질문에 대한 답을 예술계에서 구하지 않고, 교육계에서 구하려고 한다고도 말하였다.

나는 독자들에게 “수업은 예술이 되어도 되는가?”라는 질문에 대한 답을 구하기 전에 내가 먼저 두 가지 질문에 답을 해야 한다는 것을 알고 있다. 그 하나는 “지금 우리가 하는 수업은 예술인가?”라는 질문에 대한 답이고, 또 하나는 “수업은 예술이 될 수 있는가?”라는 질문에 대한 답이다. 이 두 질문에 대한 답을 위해 이제까지 줄기차게 논의해 왔지만, 최종적으로 정리한다는 면에서 다시 한번 이야기하고자 한다.

물론 나는 단토의 예술론에 근거하여 이 질문들에 답을 할 것이다.

단토의 예술론으로 이 질문에 답하기 위해서는 '존재론적 정의에 따른 조건'과 '역사적 양상에 따른 조건'을 충족하는지를 살펴보아야 한다.

먼저 단토의 예술론 중에서 존재론적 정의에 따른 조건의 충족 여부를 알아보기 위하여 노엘 캐럴이 요약한 단토의 예술론을 활용하고자 한다. 노엘 캐럴이 요약한 단토의 예술론은 내가 이제까지 살펴본 예술이 되기 위한 조건과 약간의 관점의 차이는 있지만, 노엘 캐럴이 해석한 단토의 예술론으로 새롭게 검증해 보는 것은 신뢰성과 타당성을 높이는 데 유익할 것으로 생각된다. 노엘 캐럴이 요약한 단토의 예술론은 다음과 같다.

> 어떤 *x*가 (a)주제를 가지고 (즉 *x*는 무언가에 관한 것이고), (b)그 주제에 대해 *x*가 특정 태도나 관점을 투사하는데 (이는 *x*가 하나의 양식을 갖는 문제로도 기술될 수 있다), (c)이는 [*x*가 관점 투사된 주제를 갖는 것은] 수사적인 생략에 의한 것이며 (대개는 은유적인 생략에 의한 것이며), (d)이러한 생략은 다시 감상자가 그 생략된[빠진] 부분을 채우는 데 참여하도록 관여하는데 (이것은 또한 우리가 해석이라고 부를 수 있는 활동이다), (e)여기서 해당 작품과 그 작품에 대한 해석이 어떤 예술사적 맥락을 요구하는 (이러한 맥락은 일반적으로 역사적 상황에 맞는 이론을 배경으로 하여 구체화된다.) 경우 오직 그 경우에만 *x*는 예술 작품이다.[62]

여기에서 (a)에서 (e)까지 5가지는 어떤 것(*x*)이 예술 작품이 되기 위한 필요조건이다. 그리고 (a)에서 (e)까지 5가지를 모두 연결한 것은 예술 작품이 되기 위한 충분조건이다.

따라서 "우리가 지금 하는 수업은 예술 작품이 되기 위한 필요충분조건을 갖추고 있는가?" 그리고 "만약 갖추고 있지 않다면 어떤 필요조건을 추가하여야 할까?"를 살펴보면 두 가지 질문에 대한 답을 줄 수 있을 것이다. 이 질문에 대해 답하기 전에 (a) 조건과 (b) 조건, 그리고 (e) 조건에 관해서는 약간의 보충 설명을 하고자 한다.

(a) 조건은 어떤 것(x)이 '~에 관한 것'이어야 한다는 조건이다. 혹자는 이 조건을 어떤 것이 재현이어야 한다는 조건으로 받아들이는데 꼭 그런 것 같지는 않다. 단토는 그의 저서 '일상적인 것의 변용'에서는 재현으로 보는 시각을 견지하고 있으나, 말기의 저서 '무엇이 예술인가'에서는 재현만을 의미하는 것 같지는 않다.

> 비록 나는 예술과 현실이 대조를 이루기를 바랐지만, 사실 제임스 하비의 브릴로 상자도 미술이라는 사실을 부인하기는 어렵다. 그것은 미술이지만, 상업미술이다.[63]

> 꿈과 지각을 구분할 수 있는 내적인 방법은 없다. 꿈과 지각은 항상은 아니지만, 때로는 구분이 불가능하다. 이따금 나는 실제로 침대에 누워 잠을 자고 있으면서도 컴퓨터 앞에 앉아 글을 쓰고 있다고 꿈을 꾼다. 꿈과 깨어 있을 때의 경험이 구분되지 않는 경우인 것

인데, 우리가 본 「브릴로 상자」와 브릴로 상자*도 그런 경우에 해당한다.[64]

꿈은 현실을 재현한다. 꿈은 눈에 보이는 속성들로 이루어져 있지만, 실재하지 않는다.[65]

나는 예술가의 기술과 관련이 있는 또 하나의 조건을 추가하여 과거에 제기했던 예술의 정의-구현된 의미-를 보완하겠다고 결정했다. 이제 나는 데카르트와 플라톤에 기초하여 예술을 '깨어 있는 꿈'으로 정의하고자 한다.[66]

앞에서 보는 바와 같이 단토는 그의 예술에 대한 정의 '의미의 구현'으로는 제임스 하비의 브릴로 상자도 예술로 보아야 한다고 말하고 있다. 제임스 하비의 브릴로 상자는 재현이 아니고 현실이다. 그러므로 단토가 말하는 의미(주제)는 재현만을 뜻하지는 않는다고 볼 수 있다. 그래서 그는 상업 예술이 아닌 순수 예술을 정의하기 위해서는 '의미의 구현'만으로는 부족하다는 것을 인식하고, 재현의 의미를 담고 있는 '꿈'을 추가한 것으로 보인다.

(b) 조건에서 '주제에 관해 특정한 태도나 관점을 투사해야 한다.'라

* 「브릴로 상자」는 앤디 워홀의 「브릴로 상자」를 뜻하고, 브릴로 상자는 제임스 하비의 브릴로 상자를 뜻한다.

는 것은 주제가 '~에 관한 것'일 때 해당하는 말이다. 예를 들어, *x*가 장미를 재현한 것 즉 장미에 관한 것이라고 할 때 단순히 장미만을 재현해서는 안 되고 장미에 대한 특정한 태도나 관점을 가져야 한다는 뜻으로 보아야 한다. 그러므로 수업예술에서는 수업 모형 또는 교육 이론을 반영해야 한다는 것으로 해석할 수 있다.

(e) 조건은 '해당 작품과 그것의 해석은 예술사적 맥락을 요구한다.'는 것, 즉 예술사에 맞는 예술 이론을 토대로 해야 한다는 조건이다. 난 앞에서 수업예술을 예술의 한 장르로서가 아니라, 수업의 한 장르로 다루고 있으며, '수업이 예술이 될 수 있는가?'라는 질문을 예술계가 아닌, 교육계에 던진다고 말하였다. 따라서 '예술사적 맥락'과 '예술 이론'은 '교육사적 맥락'과 '교육 이론'으로 대체해야 한다고 본다.

그럼 이제 첫 번째 질문, "지금 우리가 하는 수업은 예술인가?"라는 질문에 답하기 위해 수업이 단토의 존재론적 정의의 조건을 충족하는지 살펴보자.

- (a) 조건: 수업의 주제를 학습 목표라고 볼 수도 있으므로, 이 조건은 충족된다.(○)
- (b) 조건: 수업 모형을 하나의 양식으로 볼 수도 있으므로, 이 조건도 충족된다. (○)
- (c) 조건: 학습 목표가 은유적으로 생략되어 있지 않은 경우가 대부분이므로 이 조건은 충족되지 않는다. (×)

- (d) 조건: 현재는 수업은 해석되고 있지 않으므로 이 조건은 충족되지 않는다. (×)
- (e) 조건: 수업은 대체로 교육사적 상황에 맞는 이론을 토대로 이루어지므로 이 조건은 충족된다. (○)

단토가 말하는 의미(주제)는 외연적 의미가 아니라 내포적 의미이므로 수업의 학습 목표는 수업예술의 의미(주제)가 될 수 없으나, 최대한 허용적으로 보아서 수업의 주제를 '학습 목표'라고 가정했을 때도, 학습 목표가 은유적이지 않다는 점에서 오늘날의 수업은 (c) 조건을 충족하지 못한다. 또한 오늘날 공개 수업 참관자들이 수업을 참관하면서 학습 목표가 무엇인지를 해석하려고 한다고 보기는 어렵다. 왜냐하면 학습 목표가 교수·학습안에 나와 있기 때문에 굳이 해석할 필요가 없기 때문이다. 이러한 분석으로 볼 때 우리가 현재 실시하는 수업은 노엘 캐럴이 요약한 단토의 예술론으로 볼 때도 예술이라고 보기 어렵다는 결론을 내릴 수 있다.

그 다음은 역사적 양상에 따른 조건을 따져 보아야겠으나 존재론적 정의의 조건을 충족하지 못하였으므로, 이는 생각해 볼 필요가 없어 보인다. 이는 조금 후, "수업이 예술이 될 수 있는가?"에서 이 조건들을 검토해 보도록 하겠다.

두 번째 질문, "수업은 예술이 될 수 있는가?"로 들어가 보자. 앞의 존재론적 정의 조건들 중에 (c) 조건과 (d) 조건을 만족시킬 수 있다면 수업은 예술이 될 수 있을 것이다. 먼저 (c) 조건을 생각해 보자. '의미(주제)'를 은유적으로 표현하려면 그 의미가 '학습 목표'가 되어서는 안 된다. 학습 목표를 수업 시간에 은유적으로 표현하는 것은 바람직하지 않기 때문이다. 그리고 '학습 목표'는 수업을 다른 수업과 구별해 주는 외연적 의미를 갖는 것이기 때문이기도 하다. 만약 '의미(주제)'를 '학습 목적'으로 한다면 수업자는 그것을 수업에서 은유적으로 구현할 수 있고, 그것에는 '학습 목표'에 대한 특정 태도나 관점이 반영되어 있으므로 이 조건을 충족시킬 수 있다. (d) 조건도 생각해 보자. 만약 수업자가 '의미(주제)'를 '학습 목적'으로 하고, 수업의 참관자가 교수·학습안을 보지 않고 수업에 참관한다면 수업을 해석하려고 할 것이기 때문에 이 조건도 충족시킬 수 있다.

따라서 지금의 수업이 예술이 아니라고 하더라도 몇 가지 조건만 추가하면 수업은 예술이 될 수 있으며, 존재론적 조건으로 볼 때 수업은 예술이 될 수 있다고 결론지을 수 있다.

지금까지 내가 이 책에서 다룬 것은 주로 존재론적 정의에 관한 것이었다. 그런데 단토는 역사적 양상의 문제로서 역사적 조건, 범주적 조건, 이론적 조건을 충족시키지 않는 것은 예술이 아니라고도 했다.[67]

(a) 역사적 조건이란 어떤 작품이 전체 예술사와 한 예술가의 작품 세계에 적합하게 있지 않다면 그것은 예술이 아니라는 것이다. (b) 범주적 조건이란 어떤 예술 범주에 속하지 않으면, 혹은 새로운 예술 범주(예컨대 레디메이드)를 창조하지 않으면 그것은 예술 작품이 될 수 없

다는 것이다. (c) 이론적 조건이란 어떤 것이 하나의 이론에 의해 예술로서의 공민권이 부여되지 않는다면, 그것은 예술 작품이 아니라는 것이다.

그런데 나는 수업예술에 있어서는 역사적 양상에 따른 조건은 크게 중요하지 않다고 생각한다. 왜냐하면 나는 수업예술을 예술의 한 장르가 아닌 수업의 한 장르로 취급하고, 수업이 예술이 될 수 있는지를 예술계가 아닌 교육계에 묻고자 하였기 때문에 이 세 가지 조건에서 자유로울 수 있다고 보았기 때문이다. 따라서 만약 수업예술이 세 가지 조건을 충족하지 못한다고 하더라도 수업이 예술이 되는 데는 문제가 없다는 것이 나의 생각이다. 즉 수업이 존재론적 정의로 볼 때 예술이 될 수 있다면 역사적 양상의 문제를 충족하지 못하더라도 상관없다고 생각한다.

이제 마지막 질문을 독자에게 할 차례가 되었다. "수업은 예술이 되어도 되는가?"라는 질문이다. 이 질문은 "수업이 예술이 되어도 수업의 정체성에 문제가 없는가?" 그리고 "수업이 예술이 된다면 지금보다 더 좋아질 것인가?"라는 질문을 독자들이 스스로 해 보았을 때 "그렇다." 라는 결론이 나온다면 "수업은 예술이 되어도 되는가?"라는 질문에도 "그렇다."라는 대답을 할 수 있을 것이다.

난 앞에서 수업예술은 수업이라는 기존의 직렬회로에 끼어들어서 단전시킬 수도 있는 위험한 것이 아니라고 했었다. 수업예술은 기존의 수업에 병렬 연결할 수 있는 것이다. 따라서 기존에 있던 수많은 교육 이론과 공존할 수 있다. 왜냐하면 수업예술은 수업의 한 장르이고자 하기 때문이다. 따라서 수업이 예술이 된다고 해서 수업의 정체성에는 아무런 문제가 되지 않는다.

나는 이제까지 줄곧 수업이 왜 예술이 되어야 하는지를 이야기해 왔다. 가장 큰 이유는 수업예술이 교사의 자존감과 열정을 회복시켜 주며, 교실의 개방 즉 수업 공개를 활성화할 것이라는 점이다. 우리가 수업이 예술이 되고자 하는 '수업예술'을 막을 이유가 무엇이겠는가? 독자들의 현명한 판단을 기대한다.

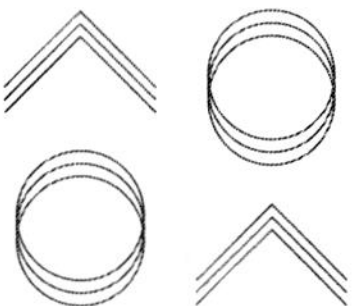

6.

수업예술 관점에서 교육 이슈 재조명

이 장에서는 수업예술 관점에서 교육의 몇 가지 이슈들을 재조명해 보고자 한다.

먼저, 교수·학습안의 정체성에 관해 수업예술의 관점에서 재조명해 본다.

그리고 수업예술 관점에서 바람직한 수업연구대회의 모습을 조명해 본다.

그리고 수업예술 관점에서 바람직한 학습 동기 유발에 관해 말하고자 한다.

수업예술 관점에서 교수 · 학습안 재조명

수업예술의 관점에서 교수·학습안을 재조명하려는 것은 '우리 교육사에서 교수·학습안이 독자적인 정체성을 확립한 적이 있었던가?' 하는 성찰에서 비롯되었다. 그래서 이 글은 수업예술의 관점에서 교수·학습안의 정체성을 새롭게 정립하고자 함에 목적이 있다. 교수·학습안의 정체성을 확립한다는 것은 교수·학습안 작성자를 수업자와 동등하게 인정한다는 것과도 관련된다. 즉 교수·학습안 작성자의 지위를 확보함에도 그 목적이 있다.

이제까지의 교수·학습안의 용도는 5가지로 정리될 수 있을 것 같다.

① 수업 컨설팅용

② 수업 참관용

③ 교육 연구용

④ 수업 정보 공유용

⑤ 교사 평가용

먼저, 수업 컨설팅용이다. 수업 컨설팅을 받을 때 수업 계획을 말만으로 설명한다면 그 체계를 잡기가 쉽지 않을 것이다. 교육계의 정해진 규약에 따라 작성된 교수·학습안을 두고 이야기한다면 훨씬 더 쉽게 의사소통이 된다.

두 번째, 수업 참관용이다. 지금까지 수업을 공개한 대부분의 교사는 참관자들에게 교수·학습안을 제공하였다. 참관자들은 수업자가 배포한 교수·학습안을 수업 참관 시 도움 자료로 활용하였다.

세 번째, 교육 연구용이다. 이는 교육을 연구할 목적으로 작성하는 경우인데, 실제로 수업할 목적으로 작성되기도 하지만, 수업하지 않더라도 논문 작성 등을 위해 작성하기도 한다.

네 번째, 수업 정보 공유용이다. 수업에 관한 정보를 공유하는 방법은 여러 가지가 있다. 학습 자료를 공유하기도 하고, 수업 동영상을 공유하기도 한다. 교수·학습안을 공유하는 것도 수업 관련 정보를 공유하는 일반적인 방법의 하나이다.

다섯 번째 교사 평가용이다. 교사의 교수 능력을 평가하기 위하여 교수·학습안 작성을 요구하기도 한다. 교수·학습안만을 작성하는 대회도 있고, 수업을 심사하는 수업연구대회에서도 교수·학습안 작성을 요구하기도 한다.

나는 5가지 교수·학습안 활용 유형 중에 수업자와 교수·학습안 작성자를 분리하여 생각하는 유형이 있는가에 주목해 보았다. 이 질문에 주목하는 이유는 수업자와 교수·학습안 작성자를 분리하여 보는 시각은 수업예술의 입장에서는 매우 중요한 것이기 때문이다. 성악에서는 작곡가와 성악가를 분리하여 생각한다. 연극에서도 희곡 작가와 연극 연출가는 별개로 보며, 영화에서도 시나리오 작가와 영화감독을 별개로 생각하고 있다는 점을 생각해 보면 알 것이다.

먼저 다른 사람이 작성한 교수·학습안을 들고 수업 컨설팅을 받는다고 가정해 보자. 지금 교육 현장의 분위기로는 허용적일 가능성은 작아 보인다. 아마 컨설팅을 받는 자세가 되어 있지 않다고 비난할지도 모른다. 두 번째, 수업 참관을 하러 온 사람에게 다른 사람이 작성한 교수·학습안을 내민다면 참관자는 매우 당황할 것이다. 다른 사람이 작성한 교수·학습안으로 수업하는 사례를 본 적이 없었기 때문일 것이다. 세 번째, 자신의 수업 연구를 위해서는 다른 사람이 작성한 교수·학습안을 이용하는 것은 허용될 수 있을 것 같다. 연구 논문을 쓸 때도 마찬가지로 다른 사람이 작성한 교수·학습안을 인용할 수 있을 것이다. 그 교수·학습안으로 누가 수업했는지는 별로 상관하지 않을 것이다. 즉 작성자를 중요하게 생각할 것이다. 네 번째, 수업 정보 공유 차원에서는 수업의 실시 여부와 상관없이 교수·학습안을 공유할 것이고, 작성자가 확인되지 않았거나 작성자의 허락을 받지 않은 교수·학습안을 내가 다른 사람에게 공유하지는 않을 것이다. 다섯 번째, 교사 평가용이다. 학교 현장에서는 교사 평가를 위해 교수·학습안 작성을 따로 떼어내서 평가 기준으로 삼는 사례는 거의 없다. 그러나 수업의 실시 여부와 상관없이 개최되는 교수·학습안 공모전은 있는 것으로 파악된다.

지금까지 살펴본 바로는 교수·학습안이 수업 연구용, 수업 정보 공유용, 교사 평가용으로 사용될 때는 수업 실시 여부와 상관없이 독자적으로 사용되고 있으며, 수업 컨설팅용과 수업 참관용으로 사용될 때는 수업자와 교수·학습안 작성자를 분리하여 생각하지 않는 분위기인 듯하다. 이 결과로 볼 때, 현재도 교수·학습안은 수업과는 별개로 독자적으로 많이 사용되고 있다. 그런데도 교육 현장에서는 수업자와 작성자를 분리하여 보려는 인식이 약한 실정이다. 실제로 교수·학습안이 연구용으로 사용될 때조차 교수·학습안의 양식에는 그것을 쓴 사람을 작성자가 아닌 수업자로 적고 있는 것을 보면 이러한 현실을 쉽게 알 수 있다.

교수·학습안의 작성자와 수업자의 분리가 가능하다면, 다른 사람이 작성한 교수·학습안으로 수업을 공개하는 것도 가능하다고 본다. 그런데 이 글을 읽는 독자 중 일부는 '그래도 그렇지!' 하며 고개를 가로저을 수도 있을 것이다. 난 이런 사람들이 할 수 있는 반론을 몇 가지 생각해 보았다. 첫째 반론은 다른 사람이 작성한 교수·학습안은 수업 학반의 특수성을 반영하지 못한 것이므로 그것을 그대로 가져와서 수업한다는 것은 말이 안 된다는 것이다. 둘째 반론은 재구성의 관점에서 보면 다른 사람의 교수·학습안을 그대로 사용해서는 안 되며, 재구성하여 이용하는 것이 바람직하다는 것을 예상해 볼 수 있다. 난 이 두 가지 예상되는 반론에 관해 내 생각을 말해 보고자 한다.

첫 번째 반론에 대한 나의 생각이다. 해당 학급의 특수성은 매크로 측면과 마이크로 측면에서 모두 생각해 볼 수 있다. 매크로 측면에서의 특수성은 '농어촌/소도시/대도시, 소규모/대규모, 구도시/신도시, 학생들의 학업성취 수준' 등에 따른 특성을 생각해 볼 수 있는데, 이는 다른 사람이 작성한 교수·학습안 중에 적절한 것을 선택하는 것만으로도 충분히 반영될 수 있는 것이므로 큰 문제가 되지 않는다고 본다. 마이크로 측면에서의 특수성은 '학급 분위기, 학부모의 교육 기대 수준, 같은 학년 교사의 협업 수준, 학교 시설' 등 많은 것들이 있다. 그런데 현실적으로 교수·학습안에 이러한 마이크로 측면의 특수성을 모두 반영하는 것은 어렵다. 일부분은 교수·학습안에 반영하겠지만, 대부분의 특수성은 실제 수업 시간에 교사의 교수 행위에 의해서 반영되는 것이 보통이다. 따라서 학급의 모든 특수성을 교수·학습안에 반영해야 한다는 생각은 재고되어야 한다고 본다. 그러므로 교수·학습안은 학급의 특수성을 고려할 때 수업 교사 본인이 직접 작성하는 것이 좋지만, 반드시 수업 교사 자신이 교수·학습안을 직접 작성해야 하는 것은 아니라고 볼 수 있다.

두 번째 반론에 대한 내 생각을 말하면 다음과 같다. 교육 과정 재구성의 필요성과 교육 과정 재구성으로 얻을 수 있는 교육적 효과에 관해서는 의심하지 않는다. 교육 과정을 재구성하였다면 재구성한 교육 과정에 맞는 기존의 교수·학습안을 찾는 것이 어려울 수도 있으므로, 재구성한 교육 과정에 맞게 자신이 직접 교수·학습안을 작성하는 것이 더 효율적일 수 있을 것이다. 그러나 현실적으로 모든 교육 과정을 재구성할 수는 없다. 재구성하지 않은 내용을 지도할 때는 다른 사람이 작성한 교수·학습안을 활용할 수도 있을 것이다.

지금까지 살펴본 바에 따르면 교수·학습안은 반드시 수업자 자신이 작성해야 하는 것은 아니며, 수업자 자신이 작성할 것인지 다른 사람이 작성한 것을 활용할 것인지를 결정해야 하는 선택의 문제라고 정리할 수 있다.

다른 사람이 작성한 교수·학습안을 활용하면서 내가 작성한 것처럼 꾸미는 것은 바람직하지 않을 것이다. 다른 사람이 작성한 교수·학습안을 활용할 때는 작성자를 인정하고 존중해야 하는데 가장 확실한 방법은 작성한 사람의 이름을 밝히는 것이다. 따라서 교수·학습안의 작성자를 인정하고 존중하면서 타인의 교수·학습안을 활용하는 방법에 관해 알아볼 필요가 있다.

먼저 타인의 교수·학습안을 이용할 때 틀(형식)의 변경에 대한 문제이다. 학교에 따라서는 교수·학습안의 형식을 지정해 두기도 한다. 학교의 요구가 아니더라도 개인의 사용 목적에 따라 기존의 형식을 변경할 필요성이 있을 수 있다. 다른 사람의 교수·학습안을 이용할 때 형식을 어느 정도까지 변경이 가능하고 어느 정도의 선은 넘어서는 안 된다는 식의 제한을 두거나 경계를 정하는 것은 바람직하지 않다고 생각한다. 이용하는 사람이 자유롭게 형식을 변경하여 이용하되 어느 정도의 변경이 있을 때, '원저자'와 '편저자' 또는 '저자'를 어떻게 밝힐 것일지는 짚고 넘어갈 필요가 있다. 여기에는 보편적인 원칙이 있다기보다는 사회적인 합의가 필요한 부분이므로 지금 정확하게 말하는 것은 어렵지만, 나의 생각을 조심스럽게 말해 보고자 한다. 레이아웃 정도만 변경하고자 할 때는 최초 저자 즉 원저자만을 밝히는 것이 좋다. 내용은 그대로 두더라도 틀의 항목과 항목의 순서 등을 바꿀 때는 원저자와 편저자를 동시에 밝히는 것이 좋다. 물론 편저자란에는 수업자 자신의 이름을 적는다.

타인의 교수·학습안을 이용할 때 형식뿐만 아니라 내용의 변경과 관련된 문제도 검토해 봐야 한다. 먼저 내용을 그대로 수정 없이 가져온 경우는 '저자'라는 칸을 두고 거기에 원저자의 이름을 쓴다. 내용의 일부를 수정하여 사용하는 경우에는 '원저자'란과 '편저자'란을 함께 두어야 한다. 만약 원저자의 이름을 모르는 경우에는 '편저자'란만 두어서 자신의 이름을 적는다. 내용의 상당 부분을 변경한 경우에는 '저자'라는 칸을 두어 자신의 이름을 적는다.

다음으로 교수·학습안과 공개 수업과의 관계를 이야기해 보고자 한다. 이들의 관계를 확실히 해야만 교수·학습안의 정체성도 확립된다고 본다.

이 문제는 공개 수업의 정체성에 대한 문제이기도 하다. 이제까지의 공개 수업은 교수·학습안 없이 이루어진 적이 거의 없다. 일부 학부모 대상 공개 수업은 교수·학습안 없이 행해지기도 하였으나, 대부분의 공개 수업에는 교수·학습안이 늘 따라왔다. 이러한 현상은 교수·학습안의 측면에서는 공개 수업의 부속물로 인식될 수 있고, 공개 수업의 측면에서는 교수·학습안 없이는 불완전한 것으로 인식될 수 있음을 암시한다.

그러나 분명한 것은 공개 수업은 공개 수업대로 독립적으로 존재하며 독자적인 가치가 있고, 교수·학습안은 교수·학습안대로 독립적으로 존재하며, 독자적인 가치가 있다는 것이다. 희곡은 연극을 목적으로 만들어졌지만, 독자적으로 존재할 수 있으며 그것 자체로 평가 및 감상이 가능하다. 연극도 마찬가지이다. 연극을 감상할 때 희곡을 들고 감상하지 않는다. 연극을 보러 온 관객들에게 희곡을 나누어 주는 극단이 있다면 관객들은 당황해할 것이다.

수업예술에서도 마찬가지이다. 수업예술에서는 공개 수업할 때 교수·학습안을 제공하지 않는 것을 원칙으로 한다. 공개 수업을 참관할 때 교수·학습안을 보는 것은 수업을 해석하는 데 오히려 방해된다. 교수·학습안을 제공하게 되면 수업이 교수·학습안대로 진행되고 있는지 비교하게 되고, 참관자 자신의 시각으로 수업을 해석하는 것이 아니라, 수업자의 시각으로 수업을 보게 되어 해석이 제대로 이루어지기 어렵기 때문이다.

교수·학습안도 그 자체로 독자성이 확립되고, 교수·학습안의 저자가 존중받아야만 교육이 발전한다고 믿는다. 즉 A교사가 작성한 교수·학습안으로 B교사가 공개 수업을 한 경우에 교수·학습안의 저자인 A교사와 공개 수업을 한 B교사 모두 인정받고 존중받는 교직 풍토가 만들어졌을 때 교육은 더 발전할 수 있다고 믿는다.

그러나 이 생각에 찬성하지 않는 사람들은 다음과 같이 말할지도 모른다. "A교사의 교수·학습안으로 수업하면 그것은 A교사의 수업이지 어떻게 B교사의 수업이 될 수 있는가?"라고 말이다. 수업에 대한 모든 아이디어가 A교사의 것이므로, B교사가 수업했다고 하더라도 그 수업은 A교사의 수업이라는 것이다.

이 지적에는 잘못된 전제가 한 가지 있는데, 그것은 같은 교수·학습안으로 수업하면 똑같은 수업이 된다는 것이다. 그러나 실제로는 그렇지 않다. B교사는 A교사의 교수·학습안을 해석하여 자신의 것으로 만들어 수업한 것이다. 같은 작품이라도 해석에 따라 다른 작품이 된다는 단토의 생각, I(o)=W를 잘 나타내는 예화를 한 가지 들고자 한다. 난 단토의 아이디어를 약간 변경하여 제시함으로써 독자들의 이해를 돕고자 한다.*

〈그림 5〉 과학 도서관 뉴턴 홀의 벽화

위의 〈그림 5〉는 한 과학 도서관의 뉴턴 홀 벽면에 한 화가가 그린 벽화이다. 네모난 벽면의 중앙에 하나의 선이 양 모서리까지 그어져 있는 것이 그림의 전부이다. 그래서 위의 그림은 시각적으로 네모난 벽면과 가운데 그어진 하나의 선으로 이루어져 있다.

* 실제로 단토의 예화는 이렇게 시작된다. "두 사람의 화가가 따로따로 뉴턴의 제1법칙과 제3법칙이라고 불리는 과학도서관의 동쪽과 서쪽 벽을 프레스코화로 장식해 줄 것을 요청받는다."

화가가 이 그림에서 표현하고자 한 의미는 다음과 같다. 이 그림은 뉴턴의 제3법칙 '작용 반작용의 법칙'을 표현한 것이다. 즉 '두 물체가 상호작용할 때 물체 A가 물체 B에 작용하는 힘은 물체 B가 물체 A에 작용하는 힘과 같고, 방향은 반대이다.'라는 것을 표현한 것이다. 나누어진 벽면의 윗부분은 아랫부분을 누르고 있고, 아랫부분은 같은 힘으로 윗부분을 떠밀고 있는 것이다. 이 벽면의 공간은 두 공간으로 나누어진다.

한편 과학 도서관을 방문한 예술 비평가는 이 그림을 보고 다음과 같이 해석한다. 이 그림은 뉴턴의 제1법칙 '관성의 법칙'을 표현한 그림이다. 즉 '외부에서 힘이 작용하지 않으면 운동하는 물체는 계속 그 상태로 운동하려고 하고, 정지한 물체는 계속 정지해 있으려고 한다.'라는 것을 표현한 것이다. 그는 가운데 선을 고립된 분자의 궤적이라고 하였다. 그에 의하면 벽면의 공간은 나누어진 공간이 아니라 하나의 공간이라고 하였다. 왜냐하면 가운데의 선은 면과 면이 맞닿는 것을 나타내는 것이 아니라 입자가 지나간 궤적이기 때문이다.

결국 같은 작품이지만 해석에 따라 완전히 다른 작품이 되는 것이다. 이것을 A교사의 교수·학습안으로 B교사가 공개 수업을 한 경우에 대입해 보면 B교사의 해석으로 인해 A교사의 교수·학습안은 완전히 다른 교수·학습안으로 재탄생하게 된다. 그러므로 다른 교사가 작성한 교수·학습안으로 공개 수업을 한다고 하여 자신의 수업이 아니라고 말하는 것은 정당화될 수 없다.

교수·학습안이 독자적인 정체성을 확고히 갖기 위해서는 현행의 교수·학습안에서 몇 가지 보완해야 할 점도 있고, 또한 계속 지켜나가야 할 사항도 있다. 교수·학습안이 독자적인 정체성을 갖는다는 것은 그것이 그것 자체로 하나의 예술 작품이 된다는 것을 의미한다. 따라서 교수·학습안은 '의미의 구현'이 되어야 하고, 앞에서 말한 '은유, 표현, 스타일'의 속성을 지녀야 한다. 이러한 관점에서 교수·학습안의 보완할 점과 작성 시 유념해야 할 사항을 몇 가지 이야기하고자 한다.

첫째, 교수·학습안은 작성 규약을 따라야 한다. 희곡은 연극 공연을 목적으로 제작되고, 시나리오는 영화 상영을 위한 목적으로 작성된다. 마찬가지로 교수·학습안은 수업을 목적으로 제작된다. 희곡, 시나리오, 교수·학습안은 모두 기본적인 규약이 있다. 희곡에서의 규약은 지문과 대사, 해설의 구분과 같은 것이다. 규약이 너무 복잡하거나 많으면 창작 활동에 제약 요인으로 작동하기 때문에 최소한의 규약이면 충분하다. 나는 교수·학습안 작성에 대한 최소한의 규약을 다음과 같이 제시하고자 한다.

① 학년·학기, 교과명, 단원명, 차시, 학습 목표, 작성자 등을 제시한다.

② 교수·학습 과정은 표로 나타낸다.

③ 표에는 단계, 교수·학습 활동, 활동 시간, 유의 사항 등을 나타낸다.

④ 평가 계획을 나타낸다.

⑤ 교수·학습 자료를 첨부한다.

둘째, 현재 사용되고 있는 일반적인 교수·학습안 형식에서 '제목', '저자/원저자/편저자'를 쓰는 칸을 추가해야 하고, '수업자', '수업일시',

'장소', '대상 학반' 등은 제외해야 한다. 이는 교수·학습안의 독자성을 확고히 하는 항목을 추가하고, 공개 수업에 의존하는 항목들은 삭제하기 위함이다. 공개 수업에 관한 사항은 수업자가 수업 팸플릿에 제시해야 한다.

셋째, 교수·학습안에 '수업자 의도', '교재관, 교육관, 학생관', '교육과정 재구성'에 관한 내용은 쓰지 않아야 한다. 그리고 활동에 관련되는 교육 이론 요소를 표시하지 않아야 한다. 즉 '창의성 교육', '인성 교육', '협력 학습' 등을 교수·학습안에 표시하지 않아야 한다. 이러한 것들은 독자의 해석사항으로 남겨 두어야 한다. 교수·학습안이 예술 작품이 되려면 '은유'적으로 표현된 '의미'를 갖고 있어야 한다. 즉 작품의 의미가 은유적으로 구현되어 있어야 하는 것이다. 이것을 신문 사설처럼 설명해도 안 되고, 교사용 지도서처럼 독자를 가르치려고 해서도 안 된다.

수업예술 관점에서 수업연구대회 재조명

수업연구대회*는 많은 교사가 관심을 두고 있고, 그 순기능과 역기능에 대하여 교사들 사이에 회자되는 교육 관련 이슈 중의 하나이다. 난 수업예술의 관점에서 수업연구대회를 재조명해 보고자 한다.

먼저 수업연구대회의 성격을 규명하기 위하여 대회의 명칭부터 살펴볼 필요가 있다. 수업연구대회는 수업발표대회라는 명칭으로도 사용되어 왔다. '수업연구'는 수업을 과학적으로 보려는 시각이 강하다. 반면에 '수업발표'는 수업을 예술로 보는 경향이 강하다. 그러므로 이 둘은 성격이 매우 다르다고 볼 수 있다.

수업을 과학으로 보는 시각은 지금 교육계의 일반적인 시각이다. 과학적 시각은 교수 방법에는 과학적으로 확인된 보편적이고 객관적인 정답이 있다고 보는 시각이다. 그래서 교사는 효과성이 입증된 과학적 방법으로 학생들을 가르치는 것이 중요하다. 과학적 시각에서 수업을

* 이 책에서는 ○○광역시교육청에서 실시하는 수업연구대회로 한정하여 논하고자 한다.

심사할 때는 수업자가 보편적인 기준에 맞춰 수업하는지에 심사 관점을 둔다.

반면에 수업을 예술로 보는 시각은 과학적 시각에 대한 비판으로 등장하게 되었는데, 이는 이혁규의 글에서 잘 드러난다.

> 많은 교사들이 교수 방법론 교재에 나오는 특정한 수업 방법을 교실에 적용할 때의 어려움들을 알고 있다. 보편성을 확보해서 수업 방법 교재에 수록된 내용들이 자신의 교실에서는 전혀 먹혀들지 않는 황당한 경험을 많이 해 보지 않았는가? 여러 가지 과학적 근거를 가진 수업 모형의 경우도 마찬가지이다.
>
> (중략)
>
> 왜 이런 현상이 발생할까? 이에 대해 교육학자 쇤은 이론적 지식과 실천적 지식의 근본적인 차이를 주장한다. 실천은 이론을 단순히 적용하는 응용과학이 아니다. 물론, 이론이 불필요한 것은 아니다. 그러나 이론은 언제나 실천 현장에서 재해석되어야 한다. 실천은 언제나 맥락 의존적이다.[68]

수업에 대한 과학적 시각에 대한 비판으로 등장한 예술적 시각에서는 수업에 대한 객관적이고 보편적인 기준보다는 교사의 능동성과 창조성을 강조한다.

난 현재의 수업연구대회가 과학주의적 교육관에 따라서 실시됨으로 인해 발생하는 문제점에 대하여 이야기하고자 한다.

과학주의적 교육관에 입각한 수업연구대회는 좋은 수업이 무엇인가에 대한 답은 정해져 있다. 그래서 대회에 1등급을 한 수업이 어떤 수업일 것인지는 실제로는 가 보지 않아도 알 수 있다고 말할 정도이다. 별로 새로울 것이 없는 수업일 가능성이 크다. 이것이 첫 번째 문제점이다. 좋은 수업에 대한 기준에 맞추어 수업하다 보면 그 기준을 뛰어넘는 독창적인 수업이 나올 가능성은 작아진다. 수업연구대회가 대회의 심사 기준까지 수업의 수준을 끌어올리는 데는 기여하고 있으나, 그 이상으로 나아가는 데는 오히려 걸림돌이 되고 있다.

두 번째 문제점은 좋은 수업에 대한 기준이 교육청의 특수 시책에 의존할 경우, 좋은 수업에 대한 편협한 시각을 갖게 될 수 있다는 것이다. 교육청에서 중점을 두는 교육시책이 '협동 학습'이었을 경우에는 수업연구대회의 심사 기준에 '협동 학습'이 반영된다. 중점 교육 시책이 '학생 주도적 학습'일 경우에는 그것이 심사 기준에 반영된다. 심사 기준에 '협동 학습'이 반영되어 있다는 것은 '협동 학습은 좋은 수업이요, 협동 학습이 아닌 것은 좋은 수업이 아니다.'라는 선언적 의미가 포함되어 있다고 볼 수 있다. 과연 그러한가? 우리는 답을 이미 알고 있다. 세상에 협동 학습만 좋은 수업이라는 것은 편협한 생각이다. 그러나 안타깝게도 수업연구대회는 그런 편협한 생각을 조장하고 있다는 비판을 피하기 어려워 보인다.

수업연구대회는 인증제와 자격제의 성격을 동시에 갖고 있다. 수업연구대회의 심사 결과 참가자들은 1등급에서 3등급을 받게 되고, 1등급 입상자는 수업 우수 교사로 임명된다. 수업 우수 교사는 일 년 동안의 활동 결과에 따라 그중에 일부는 수업 연구 교사로 임명된다. 여기서 수업 우수 교사와 수업 연구 교사의 역할에 주목할 필요가 있다. 수업연구대회에 참가하는 교사들의 공통적인 희망 사항은 '수업 연구 교사'가 되는 것이기 때문이다. 수업 우수 교사의 역할은 일 년 동안 주어지는데, 보통 공개 수업을 한두 번 하면 다음 해에 수업 연구 교사가 될 수 있다. 그런데 수업 우수 교사가 수업 연구 교사가 된 후에는 수업 공개는 더 이상하지 않아도 된다. 대부분의 수업 연구 교사들은 공개 수업 활동보다는 수업 컨설팅 활동, 각종 연수 강사 활동, 교육청 주관 각종 TF팀 활동 등을 많이 한다. 교육청에서도 수업 연구 교사 인력풀을 만들어 필요할 때마다 이들을 활용한다.

그런데 이것이 문제이다. 수업을 컨설팅하고 수업 이론에 대해 강의를 할 사람을 원한다면 수업 비평이나 교육 이론 시험 등을 통해 그것에 능통한 사람을 뽑아야 할 것이다. 이것은 시를 심사하여 시인으로 등단시켜 놓고 그에게 시를 쓰는 일보다는 문예지에 비평문을 쓰게 하고, 시 강의를 하게 하는 것과 비슷하다. 문예지에 비평문을 쓰는 것은 비평가가 잘할 것이고, 시 강의는 교수가 더 잘할 것이다. 그리고 당연한 일이지만 시를 쓰는 것은 시인이 잘한다. 시인으로 등단시켰으면 그에게 시를 게재할 수 있는 지면을 제공하여 창작 활동을 북돋우어야 마땅하다.

정리하자면, 수업연구대회의 목적이 지속적인 수업 공개 활동을 할 인력풀을 마련하기 위함이 아니라, 수업 컨설팅이나 각종 TF팀 활동을 위한 인력풀을 마련하기 위함에 있다는 것이 문제점이다.

난 이제 수업예술의 관점에서 수업연구대회를 추진한다면, 이러한 수업연구대회의 문제점을 개선할 수 있다는 것을 이야기하고자 한다. 그러나 수업예술의 관점에서는 원칙적으로 수업연구대회를 개최하지 않는 것이 좋다는 입장을 견지한다. 왜냐하면 수업예술에서는 어느 한 교육 이론이 다른 이론보다 우위에 있다거나 어느 한 교육 방법이 다른 교육 방법보다 우위에 있다고 보지 않기 때문이다. 그리고 수업예술에서는 수업의 평가적 가치보다 존재적 가치를 중시하기 때문이다. 하지만 꼭 해야 하는 상황이라면 차선책으로서 개선된 '수업발표대회'를 제안할 수도 있다.

먼저, 과학주의적 교육관에 입각한 수업연구대회가 좋은 수업의 기준을 정해 놓음으로써 수업을 표준화하고 규격화를 촉진하게 되고, 그로 인해 탈표준화된 수업으로의 발전을 가로막는 요인으로 작동하고 있다는 문제점에 대한 해결 방안을 이야기해 보겠다. 수업예술에서는 수업을 '구현된 의미'로 보고, 의미에 적합한 형식을 중요하게 생각한다. 수업 형식에 이상적인 것, 즉 과학적으로 입증된 표준적인 기준이 있는 것이 아니라, 의미를 구현하는 데 적합한 형식이면 좋은 것으로 본다. 즉 어떤 수업에 적합하였던 형식이 다른 수업에서는 적합하지 않은 형식이 될 수도 있다는 이야기이다. 만약 수업발표대회의 심사 착안점을 수업예술의 관점에 따라 '의미에 적합한 형식인가?'에 둔다면 앞에서 언급한 문제점을 극복할 수 있을 것이다. '의미'가 다르면 그것에 적합한 형식도 달라지기 때문에 교사의 창의성은 자유롭게 발휘되고, 그럼으로써 수업의 발전을 가로막는 장애도 사라지게 된다.

수업예술의 관점에서 수업발표대회의 심사 기준으로는 내용 영역과 형식 영역으로 나누어 생각해 볼 수 있다. 그리고 내용 영역은 다시 일차적 의미와 이차적 의미로 구분할 수 있다. 형식 영역도 그와 마찬가지로 일차적 의미와 관련된 형식, 이차적 의미와 관련된 형식으로 구분하여 생각해 볼 수 있다.

또한 단토의 역사적 양상의 문제로서의 세 가지 조건을 교육의 관점에서 재해석하여 심사 영역으로 삼아 보았다. 이는 내용과 형식 영역의 심사 기준이 객관성이 부족할 수도 있다는 단점을 보완해 줄 것이다. 이것을 정리하면 다음과 같다.

〈표 1〉 수업예술의 관점에서의 수업발표대회 심사 기준(안)

구분		심사 기준
내용	일차적 의미	• 학습 목표는 교육 과정을 실현하는 데 적합한가? • 학습 내용은 학습 목표를 구현하는 데 적합한가?
	이차적 의미	• 학습 목표와 관련된 교육 관점이 드러나는가? • 이차적 의미는 사회적으로, 교육적으로 가치 있는 것인가?
형식	일차적 의미	• 수업 모형이 학습 목표를 구현하는 데 적합한가? • 교수 전략이 학습 목표를 구현하는 데 적합한가? • 교수 기법이 학습 목표를 구현하는 데 적합한가?
	이차적 의미	• 수업 모형이 이차적 의미를 구현하는 데 적합한가? • 교수 전략이 이차적 의미를 구현하는 데 적합한가? • 교수 기법이 이차적 의미를 구현하는 데 적합한가?
역사적 양상	역사적 조건	• 수업이 우리나라 교육사에 적합하게 위치해 있는가?
	범주적 조건	• 수업이 어떤 하나 이상의 교육 범주에 포함되어 있는가?
	이론적 조건	• 수업이 하나 이상의 교육 이론에 의해 설명될 수 있는가?

내용과 형식에 대한 심사 기준은 일차적 의미인 학습 목표와 이차적 의미인 학습 목적을 동시에 고려해야 한다. 앞에서 말했듯이 수업예술도 수업이다. 그리고 수업예술은 응용 예술이므로 교육의 기능을 하지

못한 채 이차적 의미만을 구현하는 것은 디자인은 잘 되었지만 바람을 일으키지 못하는 선풍기와 같은 것이다. 즉 이차적 의미인 학습 목적만 강조하고 일차적 의미인 학습 목표를 소홀히 한다면 그것은 예술은 될 수 있을지라도 수업은 될 수 없다. 따라서 교수 방법, 교수 전략, 교수 기법 등이 일차적 의미인 학습 목표에 적합한가를 심사해야 하고, 그것들이 이차적 의미인 학습 목적에도 적합한가를 심사해야 한다.

역사적 양상의 문제로서 역사적 조건인 '수업이 우리나라 교육사에 적합하게 위치해 있는가?'라는 것은 무엇을 의미하는가? 이는 미래의 인재 육성이라는 교육 목적 달성을 위한 시대와 사회의 요구에 맞는 수업인가를 평가할 수 있는 문항이다. 만약 교사가 지식 전달 위주의 일제식 강의식 수업을 진행한다면 우리나라 교육사에 적합하게 위치해 있다고 할 수 있는지 의문이 생길 것이다. 이러한 수업이 역사적 조건을 만족시키기 위해서는 그렇게 할 수밖에 없는 특별한 이유가 있어야 할 것이다. 범주적 조건의 항목은 수업이 프로젝트 학습, PBL, 하브루타, 발견 학습, 협력 학습 등 중에 어느 한 가지 이상에 포함되어 있는가를 묻는 것이다. 범주적 조건과 이론적 조건은 어떤 한 이론이 다른 한 이론보다 좋은 것이라는 것이 아니라, 수업은 이론에 근거할 수 있어야 좋은 수업이라고 볼 수 있기 때문이다.

위에서 제시한 심사 기준이 완벽하다고 생각하지는 않는다. 원칙적으로 수업발표대회를 하지 않는 것이 좋다는 것이 수업예술의 입장인데도 불구하고 심사 기준안을 만들다 보니 완결성이 부족해 보이는 것은 어쩔 수 없는 것 같다. 다만, 이 심사 기준안은 기존의 수업연구대회의 단점을 보완할 수 있는 대안적인 심사 기준안의 예시라는 측면에서 의의를 찾을 수 있을 것이다.

둘째, 수업연구대회가 교육청 중점 시책에 따라 특정 교육 방법만을 강조하여 좋은 수업에 대한 편협한 시각을 만들 수 있다는 문제점도 수업예술의 관점을 선택할 시에는 쉽게 제거될 수 있다. 앞에서 살펴본 바와 같이 수업발표대회의 심사 착안점을 '수업의 의미에 적합한 형식인가?'에 둔다면 이 문제도 극복된다. '의미에 적합한 형식'은 미리 정해진 것이 아니기 때문에 특정 교육 방법을 강요하지 않기 때문이다.

그런데 이러한 생각에 대해 반론을 제기하는 사람도 있을 것으로 예상된다. 진보주의적 교육관을 인용하며 "시대가 바뀌면 교육도 바뀌어야 한다. 즉 교육은 시대적 요구를 반영해야 한다. 따라서 시대적 요구가 잘 반영된 수업을 좋은 수업으로 규정하고 이를 권장하여야 한다."라고 말할 수도 있을 것이다. 나도 교육이 시대의 요구를 반영해야 한다는 생각에는 동의한다. 교육청은 시대적 요구를 교육 정책에 반영할 수 있고 마땅히 그렇게 해야 한다고 본다. 그렇지만 그것이 대회의 심사 기준으로 들어갔을 때는 상황이 달라진다. '교육 과정 재구성'을 예로 들어 보겠다. 오늘날 '교육 과정의 재구성'은 매우 강조되고 있는 것 중의 하나이고, 교육 시책으로 강조되어야 할 사항이라고 생각된다. 그러나 이것이 수업연구대회 심사 기준이 되었을 때는 '교육 과정 재구성'을 하지 않은 수업은 '좋은 수업'이 아닌 것이 된다. 교육 과정을 재구성하여 수업하는 것은 좋은 수업인 것은 맞지만, 재구성하지 않은 수업이 좋지 않은 수업을 의미하는 것은 아니다. 따라서 재구성을 하지 않았다는 이유로 심사에서 탈락하는 것은 바람직하지 못하다. 만약 이 수업연구대회가 교육청 주최가 아니라 사단 법인과 같은 사설 기관에서 주최하는 것이라면 얘기는 달라진다. 사설 기관에서 추구하는 교육관에 따라 그것에 부합하는 수업을 좋은 수업으로 규정하여 대회를 치를 수 있다. A 단체는 인지적 구성주의에 입각한 수업을 좋은 수업으로, B 단체는 사회적 구성주의에 입각한 수업을 좋은 수업으로, C 단체는 객관주의적 교육관에 입각한 수업을 좋은 수업으로 규정하고 이를 심사 기준에 반영할 수 있을 것이다. 이것은 그들의 자유이고 다양성은 존중되어야 한다.

그러나 교육청이 '사회적 구성주의 교육관에 입각한 수업'만이 좋은 수업이라 규정하고, 그렇지 않은 수업은 좋은 수업이 아니라고 한다면 이는 문제가 된다.

셋째, 수업연구대회가 '지속해서 수업 공개'를 할 교사 인력풀 마련에 있는 것이 아니라, '수업 컨설팅이나 교육 관련 TF팀 운영' 등을 위한 교사 인력풀 마련에 목적이 있다는 문제점에 대해 수업예술 관점에서 해결책을 모색해 보고자 한다.

이러한 지적에 대하여 몇 가지 반론을 예상해 보았다. 하나는 교육청에서 운영하는 교육 관련 포털에 수업연구대회에서 1등급을 한 교사로 임명된 수업 우수 교사의 수업 동영상을 탑재하고 있고, 수업 우수 교사는 일 년 동안 한두 번의 수업 공개를 하고 있으므로 이러한 지적은 옳지 않다고 반론할 수 있을 것이다. 그러나 이것은 여전히 지속적이지 않다. 수업 우수 교사가 수업 연구 교사로 전환되는 것은 '지속적인 수업 공개'라는 측면에서 보는 만족스럽지 못하다.

또 다른 반론으로 예상되는 것은 "수업 연구 교사에게 매년 한두 번씩 수업을 공개하라고 하면 누가 수업 연구 교사를 하려고 하겠는가? 현실적으로 불가능한 일이다. 이는 현실에 기반을 두지 않은 이상적이고 허황된 이야기일 뿐이다."라는 것이다. 만약 내년부터 수업연구대회를 통해 임명된 수업 연구 교사에게 매년 두 번씩 수업을 공개하라고 한다면 실제로 많은 반발이 있을 것이다. 왜냐하면 과학주의적 교육관이 지배하는 현실에서는 수업을 공개하는 것이 부담될 수밖에 없기 때문이다. 참관자들은 좋은 수업의 기준을 이미 모두 알고 있고, 수업자의 수업이 그 기준을 충족하는가를 보는 것이 이제까지의 참관 방식이었기 때문이다. 잘해야 본전이라는 말이 나올 수밖에 없다. 따라서 과학주의적 교육관이 지배하는 교육 풍토 속에서는 이것을 실현하기가 어려운 것은 사실이다. 그러나 이제까지 계속하여 살펴보았듯이 수업예술의 교육관에 따른다면 이는 실현 불가능한 것이 아니다. 수업예술에서의 참관은 수업을 객관적인 기준으로 평가하는 것이 아니라, 수업의 의미를 해석하고 감상하는 것이기 때문에 수업자의 부담은 예전과 같지 않을 것이기 때문이다.

이제 수업 연구 교사가 아니라, 수업 우수 교사로서 지속적인 수업 공개를 하도록 하기 위한 수업예술 차원의 대안을 이야기해 보겠다. 수업 우수 교사가 지속해서 수업을 공개하도록 하기 위해서는 먼저 수업을 예술로 바라보는 시각을 교육계 전반으로 확산시켜야 한다. 그리고 수업을 '의미가 구현된 수업'으로 보고 수업을 참관할 때 수업을 평가하는 것이 아니라 해석하는 것이라는 인식이 교육계 전반에 먼저 자리 잡도록 노력해야 한다. 그리하여 수업을 공개하는 것이 부담스러운 것이 아니라 즐거운 일이며 교사로서의 삶의 목표가 되어야 한다. 이러한 분위기가 조성된 후 교육청은 수업 우수 교사에게 의무적으로 수업을 공개하라고 하기보다는 수업을 공개할 여건을 마련해 주어야 할 것이다. 예를 들면, 온라인에 자신의 이름으로 수업 동영상을 올릴 수 있도록 공간을 체계적으로 마련하고 관리하는 것이 중요하다. 또한 수업예술 비평가를 양성해야 한다. 온라인에 올라온 수업 우수 교사의 동영상을 보고 수업예술 비평을 탑재할 공간도 마련하고 이러한 수업예술 비평이 활성화되도록 관리하여야 한다.

그렇게 함으로써 수업발표대회를 통해 인증된 수업 우수 교사는 수업 우수 교사라는 타이틀로 자신의 수업을 공개하고, 수업예술 비평가는 그 수업을 비평하는 글을 공개하는 것이 활성화될 것이다. 그리고 많은 교사가 공개 수업과 수업예술 비평 사이를 마음껏 누비면서 수업을 보는 안목과 수업 실행 능력을 키우게 될 것이다.

지금까지 수업예술 관점에서의 수업연구대회를 재조명해 보았다. 정리해 보면 수업예술의 관점에서는 원칙적으로 수업연구대회를 개최하는 것에 찬성하지 않는다. 그러나 그것을 개최해야 할 필요가 있다는 여론이 강하다면 개선된 '수업발표대회'로 개최하는 것이 좋을 것으로 생각한다.

수업예술 관점에서 학습 동기 유발 재조명

교사들은 대체로 수업의 시작을 어떻게 할 것인지에 대해 고민을 많이 한다. 그중에서도 학습 동기 유발을 어떻게 할 것인지에 대한 고민이 가장 크다고 하겠다. 학습 동기 유발을 고찰할 때는 수업의 세 가지 유형에 따라 검토해 보는 것이 유용하다. 수업의 세 가지 유형은 엄마가 아기에게 밥을 먹이는 유형과 유사하다. 엄마가 아기에게 밥을 먹이는 방법은 아래의 세 가지 유형으로 정리해 볼 수 있다.

- A유형: 엄마가 주려고 하는 것과 아기가 먹고 싶어 하는 것이 일치할 경우
- B유형: 엄마는 먹일 계획이 없었으나, 아기가 먹고 싶어 하는 것을 먹이게 되는 경우
- C유형: 아기가 먹고 싶어 하는 것과 관계없이 엄마가 아기한테 먹이고 싶은 것을 먹이려고 하는 경우

A유형 즉 엄마가 주고 싶은 음식과 아기가 먹고 싶은 음식이 일치하는 경우는 아기에게 음식을 먹이기 위한 엄마의 특별한 노력은 필요하지 않을 것이다. 엄마도 만족스럽고 아기도 만족하는 가장 이상적인 경우이다.

B유형은 엄마는 먹일 계획이 없었으나, 아기가 먹고 싶다고 하여 그 음식을 주는 경우이다. 이 경우는 아기가 그 음식을 스스로 선택한 경우이므로 아기에게 음식을 먹이기 위한 엄마의 특별한 노력이 필요하지 않다. 그냥 주기만 하여도 아기는 만족할 것이다.

C유형 즉 엄마가 아기의 건강을 생각하여 준비한 음식을 먹이려고 할 때는 아기가 음식에 흥미를 보이도록 특별히 신경을 쓸 필요가 있다. 아기가 음식을 거부할 경우에는 미리 준비한 것이 무용지물이 되기 때문이다.

세 유형 중에 A유형이 가장 이상적이긴 한데 이 경우는 사전에 아기와 의견을 조율해야 하는 번거로움이 있다.

"엄마가 이러이러한 음식을 할 수 있는데, 넌 뭘 먹고 싶어?"

"우리 일주일 동안 무엇을 먹을지 엄마랑 식단을 짜 볼까?"

이런 식으로 일주일 식단이나 하루 식단, 또는 식사 준비를 하기 전에 아기와 의견을 조율하여 준비를 하여야 한다.

B유형은 엄마 입장에서는 가장 편하기는 하다. 왜냐하면 아기가 원하는 것을 주기만 하면 되기 때문이다. 즉 먹기 싫어하는 아기를 설득할 필요가 없으니 편하다고 할 수 있다. 그러나 아기가 원한다고 매일 라면만 줄 수는 없지 않는가? 그것이 문제이다.

C유형은 대부분의 엄마들이 겪는 현실적인 유형이다. 아기의 건강을 생각하여 균형 있는 식단을 짜고 그것을 아기에게 먹이고 싶어 한다. 그런데 문제는 그것을 아기가 좋아하지 않을 수도 있다는 것이다. 이것을 아기에게 먹이기 위해서는 엄마의 특별한 노력이 필요하다.

지금까지 엄마가 아기에게 밥을 먹이는 세 가지 유형의 방법을 이야기하였다. 이것을 수업에 대입하여 다시 정리해 보면 다음과 같다.

- A유형: 교사가 가르치려고 하는 것과 학생이 학습하려는 것이 일치할 경우
- B유형: 교사가 계획한 것이 아니었으나, 학생이 학습하고 싶어 하는 것을 가르치게 되는 경우
- C유형: 학생의 흥미와 상관없이 교사가 가르치려고 하는 것을 가르칠 경우

먼저 A유형은 프로젝트 학습, 재구성된 학습에 해당한다. 교사는 사전에 학생들과 학습할 것에 대해 함께 계획을 수립하면서 학생의 관심과 흥미를 반영하게 된다. 이때 교사는 학생들이 원한다고 다 수용하는 것이 아니라, 교사가 가르쳐야 할 것을 생각하면서 서로의 의견을 조율하게 된다. 이 경우는 수업에서 학생들의 동기 유발을 위해 특별한 노력이 필요하지 않을 수 있다.

B유형이 교실에서 발생하는 것이 바람직하다고는 볼 수 없으나, 가끔은 교사가 계획하지 않았으나, 학생의 강력한 요구로 그들의 의견을

수용해야 하는 경우가 발생하기도 한다. 이 유형의 경우도 교사는 학생들의 흥미와 관심을 끌기 위한 특별한 노력 즉 동기 유발을 할 필요가 없다. B유형을 다르게 해석하는 것도 가능한데, 학생 중심 교육을 실천하고자 하는 수업 유형으로도 볼 수 있다. 학생이 스스로 선택하고, 스스로 계획하고, 스스로 학습하며, 스스로 깨닫도록 하는 교육을 학생 중심 교육으로 보고, 학생들이 학습하고 싶은 것을 학습하도록 하는 경우이다. 이 경우도 학습 동기 유발은 필요하지 않을 것이다. 그러나 국가 수준 교육 과정을 운영하는 우리나라에서는 현실적으로 실현하기 어려운 유형이라고 볼 수 있다.

C유형은 가장 일반적인 경우라고 할 수 있다. 가장 이상적인 것은 학생들이 의견을 수용하여 함께 학습 계획을 세우는 프로젝트 학습과 같은 학생 중심 교육이겠으나, 모든 수업을 프로젝트 학습으로 하는 것은 현실적으로 쉬운 일이 아니다. 일반적인 것은 교사가 교육과정에 따라서 미리 연간 계획이나 주간 계획을 수립하여 학생들을 교육하는 수업이다. 교사가 미리 계획한 것이 학생의 흥미나 관심과 먼 것일 수도 있으므로, 교사는 이것을 학생들에게 학습시키려고 할 때 학습 동기 유발이 필요할 수도 있다.

그런데 언제부턴가 교육계 일부에서는 수업에서의 학습 동기 유발은 필요하지 않은 것으로 보는 시각이 생겨났다. 이들의 논리는 이러하다. 수업은 학생들이 스스로 선택한 것을 학습 내용으로 삼는 것이 바람직하다. 왜냐하면 그래야 학생 중심 수업이기 때문이다. 따라서 학생들에게 이번 시간에 무엇을 공부하면 될까를 묻고 그것을 교육하는 것이 중요한 것이지, 교사가 미리 준비한 수업 내용에 대해 학생의 흥미를 유발하는 행위는 수동적인 학생을 양산한다는 측면에서 바람직하지 않다는 것이다. 그런데 우리의 교육 현실에서는 이러한 주장이 맞지 않다는 것을 쉽게 알 수 있다. "이번 시간에 무엇을 학습하고 싶어요?"라고 학생들에게 묻는 교사는 거의 없다. 학생들이 학습하고 싶은 것을 말하더라도 들어 줄 수 없다는 것을 잘 알기 때문이다. 그래서 교사는 "이번 시간에 무엇을 배울지 아는 사람?"이라고 질문한다. 학생들에게 학습 내용을 묻기는 묻는데, 학생들이 학습하고 싶은 것이 무엇인지를 묻는 것이 아니라, 교사가 준비한 것이 무엇인지 알아맞히는 질문을 하는 것이 일반적인 모습이다. 그냥 무엇을 공부할 것인지를 물으면 대답을 잘하지 못할 수도 있으므로, 교사는 이번 한 시간 동안 학습할 내용을 짧게 요약해서 보여 주고 나서, 이번 시간에 공부할 내용이 무엇인지를 묻는다. 그러나 이러한 질문은 학생 중심 교육과는 관계가 없어 보인다.

그렇다고 모든 C유형의 수업에서 교사는 도입 단계에서 항상 학습 동기 유발을 해야 하는 것은 아니다. 교사가 계획한 것이 학생의 관심과 흥미에 부합하는 것이라고 판단되면 굳이 학습 동기 유발을 위해 시간을 끌 필요는 없을 것이다.

수업예술에서는 수업예술만의 특별한 학습 동기 유발 방법이나 그에 견해가 있는 것은 아니다. 다만, 교사들이 일정한 형식에 얽매이지 않고 자유롭게 선택할 수 있는 것을 중요하게 생각한다. 따라서 앞에서 말한 A, B, C 세 가지 유형에 따른 학습 동기 유발 방법은 교사들의 선택에 도움이 될 것으로 생각된다.

오늘날 수업의 대표적인 유형인 C유형의 수업을 할 때도 도입 단계에서 무조건 학습 동기 유발 활동을 해야 하는 것은 아니다. 교사가 활동 중심, 놀이 중심, 실생활 중심 등 학생 흥미를 고려한 수업을 디자인하고 있다면, 도입 단계에서 특별한 학습 동기 유발 활동이 없더라도 큰 문제는 되지 않을 것이다.

그런데도 도입 단계에서 학생들의 학습 동기를 형성하기 위한 활동이 필요할 때가 많을 것이다. 이때 활용할 수 있는 학습 동기 유발에 관한 몇 가지 방법을 소개하고자 한다.

첫 번째는 인지적 갈등 상황을 제시하는 것이다.

인지적 갈등 상황을 제시함으로써 학습 동기를 유발하려는 것은 원리 학습에 주로 활용될 수 있다. 원리 학습이란 개념적 지식, 절차적 지식, 원리·법칙 등을 탐구·발견하는 학습을 말한다.

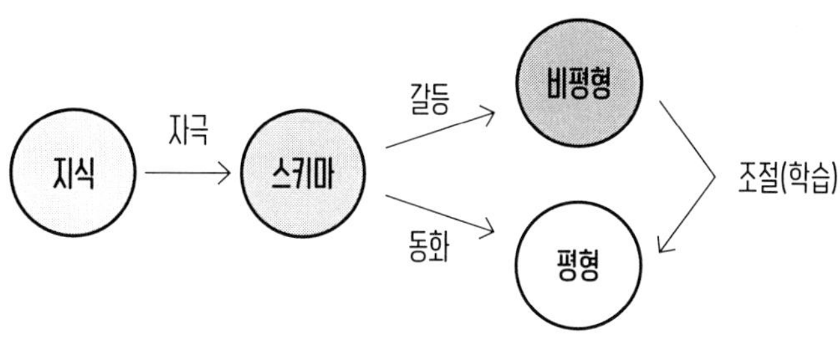

〈그림 5〉 피아제의 인지 발달 이론

위 그림은 피아제의 인지 발달 이론을 도식화한 것으로 우리에게 익숙한 그림이다. 우리 몸이 균형을 잃었을 때 스스로 균형을 잡으려고 노력하듯이 우리의 인지 능력도 그러하다는 것이다. 즉 새로운 지식이 우리의 스키마에 들어 왔을 때 기존 스키마에 동화되지 못하고 인지적 갈등을 일으킨다면 인지적 비평형 상태가 된다. 이때 우리는 스스로 인지적 평형 상태를 이루려는 조절 현상이 나타나는데 이 과정을 학습이라고 부른다는 이론이다.

피아제의 인지 발달 이론을 이용하여 학습 동기를 형성할 수 있다. 과학 수업을 예로 들어 보겠다. '물속에 산소가 있음을 설명할 수 있다.' 라는 학습 목표를 위한 수업일 경우에 인지적 갈등 상황을 제시함으로써 학습 동기를 형성하는 사례이다.

교사 물속에 산소가 있을까요?

학생들 네, 있어요.

교사 과연 그럴까요? (산소통을 지고 바다를 헤엄치는 스킨스쿠버 사진을 제시하며) 바닷물에 산소가 있다면 왜 사람들은 산소통을 메고 헤엄을 칠까요?

학생들 ….

교사 (물속에서 헤엄치는 물고기 사진을 제시하며) 이 사진을 보세요. 물고기는 산소가 없어도 살 수가 있을까요? 물고기에게 산소가 필요하다면 물속에는 산소가 있지 않을까요?

학생들 잘 모르겠어요.

교사 그럼 이번 시간에 과연 물속에 산소가 있는지 실험을 통해 알아보도록 하겠어요.

두 번째는 필요성이나 좋은 점을 인식하게 하는 것이다.

이것은 기능 학습과 관련이 깊은데, 우리가 어떠한 기능을 습득하기 위해서는 반복 연습을 해야 할 때가 많다. 학생들은 무의미한 반복적인 연습을 좋아할 리가 없다. 따라서 학생들에게 이러한 기능을 왜 익혀야 하는지, 이러한 기능이 우리 삶에서 왜 필요한지, 이 기능을 익히면 어떤 도움이 되는지를 알게 해야 한다. 즉 이 기능의 필요성, 기능을 익히지 않았을 때 발생할 수 있는 문제점 등을 깨닫게 하는 것은 학습 동기를 형성하는 데 도움을 줄 것이다. 국어 교과의 '초대하는 글을 써 봅시다.'라는 학습 목표를 가진 수업을 예로 들어 보겠다.

교사 '영희의 일기'라는 제목의 동영상을 보여 줄 거예요. 영희에게 어떤 일이 있었는지 생각하면 봐 주세요. ('영희의 일기'라는 동영상을 학생들에게 보여 준다.)

※ 동영상 내용: 나는 지난주에 전학을 왔다. 아직 친구들을 많이 사귀지 못하여 서먹서먹한 친구들이 많다. 이번 주 토요일이 내 생일인데, 내 생일에 친구들을 초대하여 친구들과 친하게 지내고 싶었다. 그래서 금요일 수업을 마치고 예쁘게 만든 초대장을 친구들에게 나누어 주었다. 그런데 내 생일날에 한 명의 친구만이 왔을 뿐이었다. 나중에 알고 보니 초대장을 잘못 썼기 때문이었다. 난 초대장을 예쁘게만 만들면 되는 줄 알았는데, 친구들과 친해지려고 하다가 오히려 망신만 당하게 되었다.

교사 영희의 생일에 친구들이 많이 오지 않은 이유는 무엇이었나요?

학생 초대장을 잘못 썼기 때문이에요.

교사 우리는 영희와 같은 실수를 하면 안 되겠지요. 이번 시간에는 초대하는 글을 쓰는 방법을 알고, 직접 초대하는 글을 써 보도록 하겠어요.

위의 사례는 기능을 익히지 않았을 때의 문제점을 제시함으로써 기능을 익히고자 하는 동기를 형성시키고자 한 것이다.

세 번째는 현 실태에 대한 분석과 문제점을 제시하는 것이다.

이는 정의적 목표 즉 학생들에게 어떤 태도를 형성하려는 목적의 수업에서 주로 활용될 수 있는 학습 동기 유발 방법이다. 학생들에게 어떤 태도나 마음가짐을 갖도록 하기 위해서는 현재 나의 모습을 바르게 파악하고 그것의 문제점을 인식할 수 있어야 태도나 마음가짐의 변화를 이끌어 낼 수 있을 것이다. 도덕 교과의 '남을 배려하는 습관을 지닌다.'라는 학습 목표를 위한 수업을 예로 들어 보겠다.

교사 어제 내가 수업에 활용하기 위하여 몰래카메라를 하나 찍은 게 있습니다. 프라이버시를 존중하기 위하여 얼굴은 찍지 않고 발과 다리만 찍었습니다. (동영상을 보여준다.)

※동영상 내용: 식당 바닥에 토마토가 떨어져 터진 채로 보기 흉하게 널브러져 있다. 그것을 피해 가는 아이들의 수많은 발이 계속해서 이어진다.

교사 이 동영상을 본 느낌이 어떨습니까?

학생 아무도 치우는 사람이 없다는 것이 부끄러웠어요.

교사 우리 중에 배려라는 말을 모르는 사람은 없을 거예요. 그러나 우리 모두 배려를 잘 실천하고 있다고는 말하기 어렵지요. 이번 시간에는 남을 배려하는 습관에 대해 공부하도록 하겠어요.

네 번째는 수업 디자인을 흥미롭게 하는 것이다.

앞에서 말한 세 가지는 학습 목표와 관련된 동기 유발 방법이었다. 그런데 네 번째는 수업을 흥미롭게 디자인함으로써 학생들의 학습 동기를 유발시키는 것이다. 이 네 번째 방법은 반드시 도입 단계에서 해야 하는 활동은 아니다.

이 방법은 적용 학습과 관련이 깊다. 적용 학습이란 이미 배운 원리를 적용해 보는 학습이다. 따라서 원리와 관련된 학습 목표에 대한 학습 동기는 이미 형성되어 있다고 보고, 배운 원리를 적용할 상황(대상, 제재)에 대한 흥미를 높여서 학습 동기를 높이는 방법이다. 수업 디자인을 흥미롭게 하는 방법에는 실생활 중심 제재나 상황 제시하기, 학생들이 흥미로워 할 분야의 제재 제시하기, 스토리가 있는 문제 제시하기(스토리텔링), 게임 활용하기, 활동 중심 수업하기 등이 있다. 국어 교과의 '높임말을 사용하여 부모님께 편지를 쓸 수 있다.'라는 학습 목표를 위한 수업을 예로 들어 보겠다.

교사 우리는 공부 시간에 휴대폰을 사용할 수 없지요. 그런데 이번 시간은 잠깐이지만 휴대폰을 사용할 거예요. 이번 시간에 쓴 편지를 바로 휴대폰 카메라로 찍어서 부모님께 전송할 거니까요.

높임말을 사용하여 편지를 쓰는 것이 공부 시간만을 위한 것이 아니라, 실제로 부모님에게 전달된다는 것을 아는 순간, 편지를 직접 전달하지 않고 공책에만 써서 남겨두는 경우보다는 학습 동기가 더 강해질 것이기 때문이다.

지금까지 학습 동기 유발 방법에 대해 알아보았다. 앞에서 우리는 세 가지 수업 유형에 따른 학습 동기 유발 방법에 대해 알아보았다. 이러한 분석을 통하여 도입 시간에 하는 동기 유발 활동은 반드시 필요한 것도 아니고, 반드시 필요 없는 것도 아니라는 것을 확인할 수 있었다. 교사는 자신이 디자인한 수업의 특성에 따라 다양한 학습 동기 유발 활동을 할 수 있다. 수업예술에서 강조하는 교사의 '자유'와 관련지어 볼 때, 학습 동기 유발 활동도 교사의 자유로운 선택과 창의적인 아이디어가 중요하다고 볼 수 있다.

에필로그

나의 수업예술에 관한 이야기는 새로운 교육 이론이 아니다. 단토가 컨템퍼러리를 양식을 사용하는 하나의 양식이라고 말했듯이 나의 수업예술은 교육 이론을 사용하는 방식에 대한 것이라고 말할 수 있다. 교사는 특정한 유파나 사조의 교육 이론을 당연하게 받아들여야 하는 존재가 아니라, 자신의 의도에 따라 여러 다양한 교육 이론들을 자유롭게 사용하는 존재로 탈바꿈되어야 하고, 수업예술은 그러한 자유의 시대를 견인하고자 하는 매크로적인 프로젝트이다.

수업예술은 하나의 운동 즉 하나의 시대 양식이나, 다양한 시대 양식을 사용하는 또 다른 의미의 하나의 양식으로 받아들여질 때 교육계는 어떠한 긍정적인 변화를 기대할 수 있을까?

수업예술은 수업에서 교사의 주도권을 가질 수 있게 함으로써 교사의 열정을 되살리고, 더 나아가 교실 수업 개선에 기여할 수 있을 것으로 기대된다. 이때의 교사 주도권이란 학생 주도권과 상대적인 개념이 아니며, 학생 중심에서 교사 중심으로 옮겨간다는 것을 의미하는 것도 아니다. 교사의 의도에 의해서 학생 주도권이 주어질 수도 있고, 학생 중심 교육이 이루어질 수도 있다는 측면이 이를 말해 주고 있다.

교실 수업 개선이라는 용어도 수업예술에서는 패러다임의 변화를 겪게 된다. 수업예술에서의 교실 수업 개선은 하나의 교육 이론이 다른 이론들보다 우위에 있다고 보고 과거의 낡은 이론에서 새로운 이론으로 옮겨가는 것을 뜻하지 않는다. 수업예술에서의 교사는 첫째 시간에는 사회적 구성주의에 입각하여 수업하였다가 둘째 시간에는 객관주의적 교육관에 입각하여 수업하는 것을 당연한 것으로 여긴다. 교사는 의미의 구현에 적합한 것이면 무엇이든지 선택할 수 있는 자유가 있기 때문이다.

수업예술에서의 교실 수업 개선을 위한 교사의 노력은 사회와 시대가 요구하는 새로운 의미를 탐색하고, 의미의 구현에 가장 적합한 형식을 찾아 수업하고자 하는 것이며, 그것을 위해 끊임없이 새로운 교육 이론을 탐색하고 새로운 형식을 개발하는 것이다. 여기에서의 의미는 당연히 일차적 의미와 이차적 의미를 모두 포괄하는 것이다. 이것이 수업예술에서의 교실 수업 개선이다.

수업예술은 수업의 공개와 참관에도 코페르니쿠스적 혁명을 가져올 수 있다고 믿는다. 공개된 수업이 교육 이론에 따라 해석될 때 수업은 예술로서의 존재론적 변화를 겪게 되며, 이러한 해석 위주의 참관은 우리가 평소에 지각하지 못했던 부분을 지각하게 해 주고, 무엇보다도 수업의 전체적인 구조를 파악하는 힘을 길러줄 수 있다는 장점이 있다.

이전에도 교육계에는 교육을 예술로 보는 시각이 많았다. 나도 그런 선지자들로부터 영향을 받았지만, 수업예술은 이전까지의 수업을 예술로 보는 시각과는 약간의 차이점이 있다. 이전까지 수업이 예술이라고 한 것은 은유적인 표현이었고, 수업에 있어서 교사의 감수성을 강조하기 위해 수업을 예술로 보는 시각이 일반적이었다.

그런데 이 책에서는 수업은 예술이라는 은유적 표현을 쓰는 것이 아니라, 수업이 예술이 될 수 있다는 것을 이야기하였다. 은유적 표현이라면 그것이 사실이라는 믿음이 없어도 그 표현은 유효하지만, 수업예술은 수업이 예술이 될 수 있다는 믿음이 깨어지는 순간 모든 것이 아무것도 아닌 게 될 수도 있다. 그래서 나는 수업이 예술이 될 수 있고, 되어야 한다는 것을 줄기차게 주장하였다.

예술이 되기 위한 필요조건인 '의미의 구현'을 강조하다 보니, 이차적 의미 즉 내포적 의미만을 강조하고 일차적 의미인 학습 목표는 소홀히 해도 되는 것으로 오해할 수도 있겠다는 생각이 든다. 그렇지 않다는 것을 다시 한 번 이야기하고자 한다. 수업예술도 수업이다. 그러므로 일차적 의미인 학습 목표를 구현하는 것은 당연히 중요하다. 수업예술도 학습 목표에 적합한 교수 방법, 교수 전략, 교수 기법을 갖추어야 한다. 이에 더하여 이차적 의미 즉 내포적 의미에 적합한 교수 방법, 교수 전략, 교수 기법도 갖추어야 한다. 그래야 수업예술이 될 수 있다.

"왜, 우리가 무엇이 부족해서 예술이 되려고 하는가?"

어떤 독자는 이렇게 불만을 토로할 수도 있을 것이다. 그러나 지금은 포스트모던 시대로 장르의 벽이 무너진 지 오래다. 교육과 예술이 손을 잡는 것, 교육이 예술에 손을 내미는 것이 교육계의 자존심을 구기는 일은 아닐 것이다.

난 얼마 전에 아르헨티나의 설치 미술가 레안드로 에를리치의 개인전 '바티망'이 서울 용산구 노들섬에서 열린다는 뉴스를 본 적이 있다. 그의 대표작 '바티망'은 바닥에 눕혀 설치해 놓은 건물의 정면부 표면에 관객들이 들어가 누워서 포즈를 취하면 그 앞에 45도 각도로 기울여 설치된 대형 거울에 그들의 모습이 비쳐서 마치 관객들이 건물에 매달린 것처럼 느껴지게 되는 예술 작품이다.

난 이 작품을 보면서 에를리치의 '바티망'은 '수업'에서 영감을 얻은 것일 수도 있다는 생각을 했다. 바닥에 누워 다양한 포즈를 취하는 관객들의 모습은 교실에서의 학생들 모습과 비슷하였다. 교사가 학생들의 반응을 고려하여 수업을 하듯이 에를리치는 관객의 동작을 고려하여 작품을 구상하였을 것이라는 생각이 들었다. 교사가 학생들의 반응을 완벽하게 예측하지 못하듯이 에를리치도 관객의 행동을 완벽하게 예측하기는 어려웠을 것이다. 그러나 그런 불확실성에도 불구하고 멋진 예술 작품을 만들어 내었다.

나는 그의 작품을 보면서 수업과 예술이 하나가 되는 듯한 느낌을 받았다. 예술에서 수업의 향기가 느껴졌다. 나는 에를리치가 '바티망'이라는 예술 작품을 통하여 수업과 손을 잡았듯이(실제로 그는 그렇게 하지 않았을지라도), 수업이 예술의 손을 잡아서 수업예술이 된다면 우리는 수업에서 예술의 향기를 느낄 수 있게 될 것이다. 그리고 우리는 그만큼 더 풍요로워질 것이라고 믿는다.

참고문헌

1 G.F. 넬러(2008), 정희숙 옮김, 교육이란 무엇인가(수정판), 서광사, p.45.

2 G.F. 넬러(2008), 정희숙 옮김, 앞의 책. p.39.

3 서동욱(2018), 생활의 사상, 민음사, p.71.

4 김태현(2014). 교사, 수업에서 나를 만나다. 좋은 교사. p.27.

5 김태현(2014). 앞의 책. p.27.

6 이규철(2016). 수업코칭. 맘에드림. p.20.

7 김태현(2014). 앞의 책. p.27.

8 엘리어트 아이즈너. 이해명 옮김(2012). 교육적 상상력. 단국대학교출판부. p.215.

9 엘리어트 아이즈너. 이해명 옮김(2012). 앞의 책. p.217.

10 이혁규(2013). 수업. 교육공동체벗. p.222.

11 노엘 캐럴. 이윤일 옮김(2019). 예술철학. 도서출판b. p.45.

12 노엘 캐럴. 이윤일 옮김(2019). 앞의 책. p.46.

13 노엘 캐럴. 이윤일 옮김(2019). 앞의 책. p.48.

14 수잔 k. 랭거. 박용숙 옮김(2004). 예술이란 무엇인가. (주)문예출판사. p.26.

15 존 듀이. 김성숙·이귀학 옮김(2020). 민주주의와 교육/철학의 개조. 동서문화사. p.94.

16 파커 J. 파머. 이종인·이은정 옮김(2015). 가르칠 수 있는 용기. p.212.

17 노엘 캐럴. 이윤일 옮김(2019). 예술철학. 도서출판b. p.202.

18 노엘 캐럴. 이윤일 옮김(2019). 앞의 책. p.254.

19 노엘 캐럴. 이윤일 옮김(2019). 앞의 책. p.327.

20 노엘 캐럴. 이윤일 옮김(2019). 앞의 책. p.331.

21 노엘 캐럴. 이윤일 옮김(2019). 앞의 책. p.351.

22 노엘 캐럴. 이윤일 옮김(2019). 앞의 책. p.371.

23 노엘 캐럴. 이윤일 옮김(2019). 앞의 책. p.388.

24 노엘 캐럴. 이윤일 옮김(2019). 앞의 책. p.393.

25 노엘 캐럴. 이윤일 옮김(2019). 앞의 책. p.396.

26 아서 단토. 김혜련 옮김(2016). 일상적인 것의 변용. 한길사.

27 아서 단토. 이성훈·김광우 옮김(2020). 예술의 종말 이후. 미술문화.

28 아서 단토. 김한영 옮김(2019). 무엇이 예술인가. 은행나무.

29 아서 단토. 김한영 옮김(2019). 앞의 책. p.18.

30 아서 단토. 이성훈·김광우 옮김(2020). 앞의 책. p.144.

31 아서 단토. 이성훈·김광우 옮김(2020). 앞의 책. p.145.

32 아서 단토. 이성훈·김광우 옮김(2020). 앞의 책. p.242.

33 아서 단토. 이성훈·김광우 옮김(2020). 앞의 책. p.62.

34 아서 단토. 김한영 옮김(2019). 앞의 책. p.68.

35 아서 단토. 김혜련 옮김(2016). 앞의 책. p.48.

36 아서 단토. 김한영 옮김(2019). 앞의 책. p.82.

37 브라이언 헤어·버네사 우즈. 이민아 옮김(2021). 다정한 것이 살아남는다. 디플롯. p.80.

38 신미나(2002). 객관주의 인식론과 구성주의 인식론에 기초한 교육관 비교 연구. 숙명여자대학교 대학원 석사논문. p.1.

39 신미나(2002). 앞의 논문. p.13

40 엘리어트 아이즈너. 이해명 옮김(2012). 앞의 책. p.217.

41 아서 단토. 이성훈·김광우 옮김(2020). 앞의 책. p.431.

42 마이클 풀란. 서동연, 정효준 옮김(2021). 학교를 개선하는 교장.도서출판 살림터. p.166.

43 Ellen j. Langer. 이모영 옮김(2914). 예술가가 되려면. ㈜학지사. p.160.

44 노엘 캐럴. 이윤일 옮김(2019). 앞의 책. p.173.

45 노엘 캐럴. 이윤일 옮김(2019). 앞의 책. pp.188-189.

46 노엘 캐럴. 이윤일 옮김(2019). 앞의 책. p.195.

47 아서 단토. 김혜련 옮김(2016). 앞의 책. pp.261-265.

48 아서 단토. 김혜련 옮김(2016). 앞의 책. p.278.

49 아서 단토. 김혜련 옮김(2016). 앞의 책. p.270.

50 아서 단토. 김혜련 옮김(2016). 앞의 책. p.287.

51 교육인적자원부(2004). 초등학교 교사용 지도서 사회 3-1. 대한 교과서 주식회사. p.225.

52 교육인적자원부(2004). 앞의 책. p.225.

53 교육인적자원부(2004). 앞의 책. p.225.

54 아서 단토. 김혜련 옮김(2016). 앞의 책. p.410.

55 아서 단토. 이성훈·김광우 옮김(2020). 앞의 책. p.424.

56 이혁규(2018). 수업 비평가의 시선. 교육공동체 벗. p.15.

57 박승배(2013). 교육평설. 교육과학사. p.85.

58 심영택(2010). 수업 비평적 글쓰기 방법에 관한 연구. 국어교육학연구 제39집. p.383.

59 박승배(2013). 앞의 책. pp.89-90.

60 박승배(2013). 앞의 책. pp.69-70.

61 박승배(2013). 앞의 책. p.70.

62 최근홍(2020). 아서 단토의 예술론과 양식 개념. 현대미술학회 24권 2호. p.84. 재인용.

63 아서 단토. 김한영 옮김(2019). 앞의 책. p.78.

64 아서 단토. 김한영 옮김(2019). 앞의 책. p.80.

65 아서 단토. 김한영 옮김(2019). 앞의 책. p.82.

66 아서 단토. 김한영 옮김(2019). 앞의 책. p.83.

67 아서 단토. 이성훈·김광우 옮김(2020). 앞의 책. pp.409-410.

68 이혁규(2013). 앞의 책. p.221.